生活科学テキストシリーズ

衣服材料学実験

松梨久仁子　平井郁子
[編著]

雨宮敏子　　　井上尚子
太田奈緒　　　谷　祥子
長嶋直子　　　花田美和子
濱田仁美　　　矢中睦美
由利素子　　　吉村利夫
[著]

朝倉書店

編著者

松梨 久仁子　日本女子大学家政学部教授

平井 郁子　大妻女子大学キャリア教育センター教授

執筆者（五十音順）

雨宮 敏子　お茶の水女子大学理系女性教育開発共同機構助教

井上 尚子　椙山女学園大学生活科学部准教授

太田 奈緒　湘北短期大学生活プロデュース学科教授

谷 祥子　鎌倉女子大学家政学部准教授

長嶋 直子　金城学院大学生活環境学部准教授

花田 美和子　神戸松蔭女子学院大学人間科学部教授

濱田 仁美　東京家政大学家政学部教授

矢中 睦美　文化学園大学服装学部教授

由利 素子　文化学園大学服装学部教授

吉村 利夫　福岡女子大学国際文理学部教授

はじめに

　被服学系の大学生，短期大学生は，被服学の幅広い様々な分野の勉強をしていくことになる．被服構成，被服整理・染色，被服衛生・生理関係などの自然科学系科目を学ぶうえでも，服飾史や消費関係の文系科目を学ぶうえでも，衣服の構成要素である繊維，糸，布の十分な知識と理解が必須である．したがって，繊維，糸，布の種類とその特性について基礎知識と，さらにこれらの材料が衣服になったときの性能についての講義がどの大学，短期大学にも設置されている．しかし，座学だけではその理解が不十分であることは，教員，そして学生自身が実感しているだろう．衣服材料学は講義で学んだ内容を実際に観察，体験することで，より理解が深まる科目である．学生たちには，実験を通して自分で結果を得る楽しさと充実感を味わってほしい．

　近年，測定機器の進歩やデジタル化により，機器や測定の原理を知らなくても簡単にデータが取れるようになり，さらに得られたデータをパソコンに打ち込めば，統計処理，グラフ化なども容易にできてしまう．しかし，その実験を行う目的や，測定されたデータの意味を理解し，どう整理し，どのような関係性があるのか，自分で考えることが大切である．

　さて，衣服材料学実験と深くかかわる試験法の JIS 規格の多くが改正されている．しかし，衣服材料学関連の実験書は近刊が少なく，JIS 規格の改正にともなう用語，実験項目，実験方法などの情報更新に対応した書籍が少ない．そのため，学生実験に際しては，既存の実験書の不足を補うプリントなどの教材を担当教員が各自作成し，使用しているケースが多いようである．

　そのような状況のもと，本書は衣服材料学実験に関して基本的な実験項目を押さえたうえで，その原理の解説と実験方法，その他必要な情報をコンパクトにまとめ，使い勝手がよく，わかりやすい実験書を目指して，各大学の被服材料学担当教員たちが執筆したものである．

　本書は 2 部構成とし，被服系の大学・短大において被服材料学実験での必修項目を「基礎編」，1 級衣料管理士の取得に必要な選択科目で行う実験の項目を「応用編」とし，各校のカリキュラムに応じて使い分けられるようにした．

　さらに，トピックを各項目に組み込むことで，実験を理解しやすくした．また，実験データの整理表を入れたので，ノートとしても有効に活用して欲しい．学生が実験結果をまとめやすいように，測定値等を記入するワークシートを作成して，朝倉書店のウェブサイトから入手できるようにした．これもぜひ活用してもらいたい．

　以上，新しい工夫を加えた実験書ではあるが，何かお気づきの点があればご指摘いただけたら幸いである．

　本書の執筆に当たり多くの文献を参考にさせていただいた．最後に，新しい実験書の企画に快諾し，編集作業をしてくださった朝倉書店編集部に感謝申し上げる．

　2018 年 3 月

松梨久仁子

平井郁子

目　　次

〈実験に際して〉

1. 実験の意義と目的 ……………………………………………………………………… 1
2. 実験に関する諸注意 …………………………………………………………………… 1
3. 試料および実験条件 …………………………………………………………………… 2
　　試料の採取　2　／　実験条件　2
4. 測定値の取り扱い ……………………………………………………………………… 3
　　有効数字　3　／　単　位　3
5. 試薬の扱い方と溶液濃度の表し方 …………………………………………………… 4
　　薬品の安全な取り扱い　4　／　溶液濃度の表し方　5
6. 装置や器具の取り扱い ………………………………………………………………… 5
　　天　秤　5　／　ガラス器具　6
7. レポートの書き方 ……………………………………………………………………… 7
　　レポート記入項目　7　／　レポートの提出　7

〈Ⅰ　基礎編〉

1. 繊維に関する実験 ………………………………………………………………………… 8
　1.0　天然繊維の観察 ……………………………………………………………………… 8
　　綿繊維　8　／　絹繊維　9
　1.1　形態による鑑別 ……………………………………………………………………… 10
　　光学顕微鏡の使い方　10　／　トピック：走査型電子顕微鏡　13
　1.2　燃焼による鑑別 ……………………………………………………………………… 14
　1.3　溶解による鑑別 ……………………………………………………………………… 16
　1.4　繊維の染色性，呈色性 ……………………………………………………………… 18
　1.5　繊維の太さと長さ …………………………………………………………………… 20
　　繊維の太さ測定　20　／　繊維の長さ測定　21
　1.6　繊維の引張特性1：引張強さと伸び率 …………………………………………… 22
　　トピック：乾・湿時の強さの違い　23
2. 糸に関する実験 ………………………………………………………………………… 24
　2.1　糸の構造 ……………………………………………………………………………… 24
　　紡績糸とフィラメント糸の判別　24　／　より　24
　2.2　糸の太さの表し方（番手） ………………………………………………………… 26

iv　目次

3. 布に関する実験……………………………………………………………………28
　3.1　布の構成要素に関する実験…………………………………………………28
　　織物の組織…………………………………………………………………………28
　　　トピック：織物の見分け方　30
　　編物の組織…………………………………………………………………………30
　　　トピック：たて編　32
　　単位面積あたりの質量（目付）…………………………………………………33
　　厚　さ………………………………………………………………………………33
　　密　度………………………………………………………………………………33
　　縮み率………………………………………………………………………………34
　　カバーファクター…………………………………………………………………35
　　見かけの比重，充填率，含気率…………………………………………………36
　　　トピック：織機・編機の原理　37　/　トピック：布見本帳の作成　39
　3.2　布の特性試験…………………………………………………………………40
　　耐久性………………………………………………………………………………40
　　　引張強さと伸び　40　/　引裂強さ　41　/　破裂強さ　43　/　摩耗強さ　43
　　外　観………………………………………………………………………………46
　　　剛軟性　46　/　防しわ性　50　/　表面摩擦特性　54
　　水分特性……………………………………………………………………………56
　　　水分率　56　/　吸水性　59　/　防水性　62　/
　　　洗濯による寸法変化　64　/　トピック：繊維製品の形態変化　65
　　快適性………………………………………………………………………………68
　　　保温性　68　/　通気性　70　/　透湿性　72　/　トピック：透湿防水素材　73
　　その他の特性………………………………………………………………………74
　　　熱セット性　74　/　トピック：いろいろな繊維のアイロン適正温度　75
　　　羊毛のフェルト化試験　76　/　トピック：圧縮弾性率，乾燥性　78

〈II　応用編〉

1. 繊維に関する実験……………………………………………………………………80
　1.1　繊維混用率試験………………………………………………………………80
　　未知試料の鑑別……………………………………………………………………80
　　混用率………………………………………………………………………………81
　1.2　繊維の製造……………………………………………………………………84
　　キュプラ（銅アンモニアレーヨン）の製造……………………………………84
　　ナイロン 66 の合成………………………………………………………………85
　　ビニロンの製造……………………………………………………………………87
　1.3　繊維の引張特性 2 ……………………………………………………………89

　　　　ヤング率と破断仕事量 ……………………………………………… 89

　　　　伸長弾性率 ……………………………………………………………… 91

　　1.4　繊維の比重（密度）………………………………………………… 92

2.　布に関する実験 …………………………………………………………… 94

　　　　引張特性 ………………………………………………………………… 94

　　　　ピリング ………………………………………………………………… 97

　　　　スナッグ ………………………………………………………………… 99

　　　　燃焼性 …………………………………………………………………… 100

　　　　帯電性 …………………………………………………………………… 102

　　　　　　トピック：静電気と摩擦帯電列　　103

　　　　風合い評価（KES）…………………………………………………… 104

3.　縫製実験 …………………………………………………………………… 110

　　　　縫い目強さ ……………………………………………………………… 110

　　　　　　トピック：縫い目滑脱　　111

　　　　シームパッカリングの評価 ………………………………………… 112

4.　官能検査 …………………………………………………………………… 114

5.　高分子分析実験 …………………………………………………………… 116

　　　　分子量の測定：粘度法　　116　／　液体クロマトグラフィー　　118　／

　　　　熱分析　　120　／　赤外吸収スペクトル　　121　／　ガスクロマトグラフィー　　123

衣服材料学実験に関係する JIS 一覧 …………………………………………… 125

参考文献 ……………………………………………………………………………… 127

索　　　引 …………………………………………………………………………… 131

実験に際して

1. 実験の意義と目的

　繊維材料は，従来からある天然繊維に加え，新しい合成繊維の開発，加工方法など発展が目覚しく，新しい繊維素材が次々に現れ私たちの衣生活を豊かなものにしている．快適な衣生活は，衣服を製造する者と衣服を着用する者の共通のテーマではあるが，後者はその衣服の素材の性質，および取り扱いに疎い傾向がある．

　本書は，被服分野を学ぶ学生が繊維材料について学習するうえで必要な基礎的な実験についてまとめたものである．講義だけでは繊維材料の知識を身につけることはむずかしい．講義と実験の両輪で繊維材料の知識を身につけてほしい．本書は基本的な繊維材料をまとめるにとどめ，特殊な繊維素材までは考慮していない．しかしながら，基本をしっかり学べば，将来の新しい繊維素材や加工品の出現にも十分対応できると考えている．

2. 実験に関する諸注意

実験を始める前
①実験のテーマを事前に確認し，テキストを熟読して予習しておく．
②操作や手順をよく調べておく．
③実験の授業は，時間の余裕をもって実験室に入室し，準備をする．
④電卓，定規を持参する．
⑤実験室には飲食物を持ち込まない．
⑥服や肌に薬品がかからないように白衣を着用する．
⑦長い髪は束ね，爪は適切な長さに整え，実験に危険を及ぼす可能性のあるアクセサリーは取り外す．
⑧ハイヒールやサンダル，ブーツなどを履かない．
⑨携帯電話など，実験に不要な荷物はロッカーに入れ，実験台の整理を心がける．

実 験 中
①実験は，指導者の説明をよく聞き，指示に従って行う．
②火災予防に注意する．火を使用しているときは火元から離れない．

③使用器具の故障やガラス器具類の破損，薬品などの事故（p.4 参照）が生じた場合は，速やかに指導者に申し出る．

④実験中は私語をつつしんで実験に集中し，事故や装置の破損がないようにする．

⑤実験結果は，忘れないようにすぐにノートに記入する．

実 験 後

①使用した実験器具は，所定の場所に返却する．

②使用した劇薬類の処理は指導者の指示に従う．

③糸，布屑，破損ガラス，金属等は，所定の容器に捨てる．実験机やその周りの掃除をする．

④掃除当番は，黒板，床の掃除をし，ごみ箱をかたづける．

⑤師範台の水拭き，各班のガスの元栓を確認する．

⑥班ごとに点呼を終えたところから退出する．実験室に留まり，実験中の班の邪魔をしてはいけない．

⑦レポートは，決められた日時までに必ず提出する．

3. 試料および実験条件

試料の採取

織物の実験を行うときは，必ず表・裏，たて方向・よこ方向を確認する（p.28「織物の組織」参照）．

織物に耳があれば，標識が付いているほうが表となり，耳と平行な方向がたて方向になる．耳が付いていない場合は判別が難しいが，光沢があり，柄がはっきりしているほうが表となる．また，手で織物を引っ張った場合，伸びる方がよことなる．

JIS では，織物の両耳端から 1/10 ずつ，端末から 100 cm 以上を除いた部分から採取し，同一試験項目について 2 つ以上の試験片を必要とする場合は，試料のたて糸[*1]，よこ糸[*2] の異なる場所から採取するように定められている．

同一試験を 5 回以上行い平均値を求めるのがのぞましいが，試料の限界もあるので，適宜試験回数を判断する．試料はできるだけたて糸，よこ糸の異なる場所を選び，ランダムに採取するのが望ましい．

試験片を採取したら，表・裏，たて方向・よこ方向が分からなくならないように，表・たて方向に ↕ の印をつけておく．

実 験 条 件

温度や湿度が試料となる繊維の物理的性質を左右するため，標準状態

[*1] **たて糸（経糸）**
織物のたて方向の糸（warp）.

[*2] **よこ糸（緯糸）**
織物のよこ方向の糸（weft）.

（20±2℃，65±4% RH[*3]）の恒温恒湿で調整し，試験を行う．

標準状態を常に保てるようにはなっていない場合（学生実験室など），実験時の温度や湿度をメモし，実験レポートには必ず温・湿度を記入する．

[*3]**RH**
相対湿度（relative humidity）．

4. 測定値の取り扱い

有効数字

測定した数値は，必ず誤差を含む．有効とは，実験で得られた測定値の，ほぼ信頼できる数値のことを示す．

例えば，複数の物体の質量をそれぞれ測定し，平均質量を計算で求めるとき，最小目盛り間隔の 1/10 程度までを有効として読み取り，それよりも小さな値を四捨五入するのが一般的である．

①有効桁数：測定した質量の値が，10.1 g，9.8 g，9 g であったとき，有効数字の桁数は，10.1 g は 3 桁，9.8 g は 2 桁，9 g は 1 桁である．

また，有効数字の桁数が 3 桁の 10.1 g は，約 10.05 g〜約 10.14 の 4 桁の数字から算出されたであろう値であり，末位は信頼できない数字であるということを示す．

②位取りのゼロ：測定値が 0.030 cm の有効数字の桁数を考える場合，0.0 は，3 という意味のある数字を表すまでの桁合わせのもので，「位取りのゼロ」という．位取りのゼロは，有効数字に含めないので，0.030 cm の有効数字の桁数は，30 の 2 桁になる．

③有効数字の記法：数は 1 の位から書く．有効数字の桁数だけ数字を書く．10 のべき乗を用いて数の大きさを調整する（例：300 という数字の有効桁数が 2 桁であれば 300 → 3.0×10^2 となる）．

④測定値どうしの四則計算：有効数字の桁数の最も少ないものに合わせる．

$$1.23 + 4.5 = 5.73 \quad \rightarrow 5.7 \qquad 1.1 \times 3.45 = 3.795 \quad \rightarrow 3.8$$

単　位

①国際単位（SI 単位）は，SI 基本単位と SI 組立単位からなる．

②SI 基本単位は表 1 に示す，長さ，質量，時間，電流，熱力学的温度，光度，物質量からなる．

③SI 基本単位から組み立てられた SI 組立単位の例を表 2 に示す．

④表 3 に SI 単位換算例を，表 4 に SI 単位接頭語を示す． 　　　　　　　　　　　　　　［平井郁子］

表 1　SI 基本単位の名称と記号

物理量	名称	記号
長さ	メートル	m
質量	キログラム	kg
時間	秒	s
電流	アンペア	A
熱力学的温度	ケルビン	K
光度	カンデラ	cd
物質量	モル	mol

4   実験に際して／5.試薬の扱い方と溶液濃度の表し方

表2 SI組立単位例

物理量	名称	記号	定義
力	ニュートン	N	$mkgs^{-2}$
圧力	パスカル	Pa	$m^{-1}kgs^{-2}$ （＝Nm^{-2}）
エネルギー	ジュール	J	m^2kgs^{-2} （＝Nm）

表4 SI単位接頭語

倍数	名称	記号
10^{18}	エクサ	E
10^{15}	ペタ	P
10^{12}	テラ	T
10^9	ギガ	G
10^6	メガ	M
10^3	キロ	k
10^2	ヘクト	h
10	デカ	da
10^{-1}	デシ	d
10^{-2}	センチ	c
10^{-3}	ミリ	m
10^{-6}	マイクロ	μ
10^{-9}	ナノ	n
10^{-12}	ピコ	p
10^{-15}	フェムト	f
10^{-18}	アト	a

表3 SI単位の換算例

Pa N/m^2	kPa kN/m^2	MPa N/mm^2
1	1×10^{-3}	1×10^{-6}
1×10^3	1	1×10^{-3}
1×10^6	1×10^3	1
9.81×10^6	9.81×10^3	9.81
9.81×10^4	98.1	9.81×10^{-2}

5. 試薬の扱い方と溶液濃度の表し方

　実験に使用する薬品の中には，危険なものが多くある．もし，人体に有害な試薬を皮膚や衣服につけてしまった場合には，慌てず速やかに大量の水道水で洗い流す．試薬は引火性のものはもとより，どのような試薬であっても，ガスバーナーなどの火から離して使用する．事故の予防に努め，実験には細心の注意を払う必要がある．万が一，事故が起こってしまったときには，必ずその授業の担当教員に報告する．

薬品の安全な取り扱い

①適切な容器を使い，薬品を取り分ける[*1]．

②薬品のラベルの確認：薬品の名前と濃度および取扱注意事項を必ず確認し，使用するのに正しい薬品であることを確かめる．なお，液体を注ぐときには，びんのラベル部分を手で持つようにすると，液だれでラベルが痛むことがない．

③薬品をこぼさない：薬品びんや器具の下に，作業用のトレーなどを置く．薬品びんを持つとき，絶対にふたの部分を持ってはいけない．ふたが緩んでいると，びんが落下して大変危険である．もし，薬品をこぼしてしまったときには，担当教員の指示に従い処理する[*2]．必ず雑巾などで拭き取る．

④薬品に顔を近づけない：薬品に顔を近づけて直接臭いをかいだりしない．薬品の移し替えのときも，顔から薬品を離す．

⑤一度取り出した薬品は，元の容器には戻さない[*3]．

⑥有毒な揮発性薬品や臭気の強い薬品は，ドラフト内で扱う．

[*1] 口の大きなタンクから小さい容器に液体薬品を移す場合には，口の広い容器（ビーカーなど）に移してから，口の狭い容器（メスシリンダー，試験管など）に移し替える．

[*2] 薬品により中和処理などが必要な場合がある．

[*3] 不純物を混入させないためである．したがって，薬品を取り出す際にも，使用する容器や薬さじなどがきれいなものであることを確認してから使用する．

ドラフト内には，手だけを入れて，ガラス扉をできるだけ下まで下ろし，ガラス越しに実験を行う．

⑦使用した試薬は，基本的に回収する．直接「流し」に廃棄しない．

溶液濃度の表し方

液体にほかの物質が均一に溶けることを溶解，物質を溶かしている液体を溶媒，溶けている物質を溶質という．溶解により得られた液体を溶液といい，その中でも水が溶媒の場合を水溶液という．

溶液の濃度とは，溶液中に含まれる溶質の割合を表したものである．溶液の濃度には，次のような表し方がある．

1) 質量パーセント濃度

溶液の質量に対する溶質の質量の割合を百分率で表した濃度．すなわち溶液 100 g 中に含まれる溶質の質量（g）に相当する．

$$質量パーセント濃度（\%）= \frac{溶質の質量（g）}{溶液の質量（g）} \times 100$$

2) モル濃度

溶液 1 L 中に溶解している溶質の物質量（mol）で表した濃度．

$$モル濃度（mol/L）= \frac{溶質の物質量（mol）}{溶液の体積（L）}$$

3) 質量モル濃度

溶媒 1 kg あたりに溶解している溶質の物質量（mol）で表した濃度．

$$質量モル濃度（mol/kg）= \frac{溶質の物質量（mol）}{溶媒の質量（kg）}$$

6. 装置や器具の取り扱い

材料学実験で使用する大きな装置については，各実験項目の中で説明する．ここでは天秤と主要なガラス器具について，その使い方を説明する．

天　秤

1) 電子上皿天秤（図 1）

①湿度が低く，直射日光の当たらない水平な場所に置く．
②電源コードをコンセントにつなぎ，スイッチを入れる．
③何も載せていない状態で，表示が 0 になっていることを確認する．
④薬品を量る場合には，薬包紙を載せてから表示を 0 に合わせる．
⑤測定する物質を皿の上に静かに載せ[*1]，数値が安定したらその数値を質量として読み取る．

図 1　電子上皿天秤

[*1] 布などを測定する場合は，測定する物が皿の外にはみ出して壁面などに接触しないようにする．

2) 上皿天秤

上皿天秤の精度は 0.1 g である．秤量に精度を求める必要がない場合には，上皿天秤を使うこともある．

①天秤は水平な台の上に置き，皿に何も乗せていない状態で指針の左右への振りが目盛板の 0 を中心に同じになるように，調節ねじで調整する．
②薬包紙を両方の皿に載せる．
③分銅をピンセットでつまみ，利き手ではない側の皿の上に載せる[*2]．
④薬さじで薬品をすくい，さじを叩きながら皿の上に落とす．いきなり多くの薬品を乗せて，必要量をオーバーしないようにする．
⑤量り終わったら，分銅をケースに戻し，皿は 2 枚重ねておく．

ガラス器具

実験用のガラス器具は非常に多くの種類があるが[*3]，衣服材料学実験の範囲で使用するガラス器具は図 2 に示すようなものである．

1) メニスカス（図 3）とガラス器具の取り扱い

溶液のメニスカスの最低部の高さと目の高さを同じにして目盛を読む．

実験終了後は，使用した器具の大きさや形状にあったブラシを使い，ブラシにクレンザー（傷を付けたくない場合は洗剤）を付け，容器の内側だけでなく外側も丁寧に洗う．十分な水道水で洗い流す．水をかけてむらなく容器壁面に水が広がるようであれば，きれいに洗えている．最後に蒸留水で仕上げ洗いをし，水切りかごに伏せて自然乾燥させる．ビーカー，フラスコなどは電気乾燥機で加熱乾燥してもよいが，ピペット，ビュレットなどは目盛が狂う場合があるので避ける．

2) 安全ピペッター（図 4）の使い方

①ピペットの頭部に，ピペットの目盛が見やすい向きに差し込む．
② A を押さえながら，ゴム球を握り中の空気を押し出す．

[*2] 物質の質量をはかる場合は，利き手でない側の皿に測りたい物を載せ，利き手側の皿に分銅を載せて重さをはかる．液体の場合は，ビーカーを使う．

[*3] ガラス容器には大きく受け用と出し用がある．容量をはかるときに容器の内壁に液体が付着することを考慮したものである．メスピペット，ホールピペット，ビュレットは排出される体積を測定する出し用体積計，メスフラスコ，メスシリンダーなどは内容の体積を測定する受け用体積計である．ビーカー，フラスコ，試験管の目盛りは，あくまでも目安であり精度は高くない．

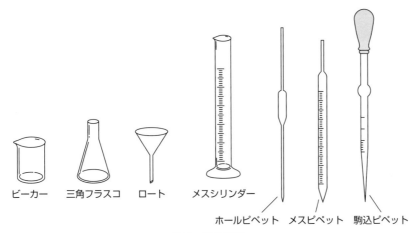

図 2　ガラス器具

③使用する試薬にピペットの先をつけ，吸上弁Sを押さえて液を必要量の目盛まで吸い上げる．このとき，試薬液をゴム球の中に入れないように注意する．
④排出弁Eを押さえ，液をビーカーあるいは試験管に流し出す．
⑤ピペットの先端に残った液体は，Eの横の穴を指でふさぎ，Eを押しながら横のふくらみをへこませて，残った液体を押し出す．それでも出きらなかった場合は，ピペットを手のひらで握り，体温でガラス管中の空気を膨張させて液体を完全に押し出す．　　　　　［松梨久仁子］

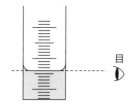

図3　メニスカスと目の位置

図4　安全ピペッター

7. レポートの書き方

レポートは，教員をはじめ他人に読まれることを念頭に置いて書く．

レポート記入項目

1) 実験題目
所定のレポート用紙を使用し，表紙を必ず付ける．表紙には，実験題目，実験日時，天候，温度，湿度，所属，学年，学籍番号，氏名を書く．

2) 実験目的
後でレポートを見て再現実験ができるように，簡潔にまとめて書く．

3) 方　法
実験に用いた試料，試薬，器具を記述し，実験の手順を書く．

4) 実験結果
実験で得られた測定値，試料の観察状態などを書く．
計算による処理を行った場合は，計算式，用いた数値（単位）を必ず記入し，計算過程を明記する．有効数字，単位に気を付ける．
グラフや表を用い，わかりやすい記述を心がける．

5) 考　察
実験で得られた結果をもとに，目的は達成されたのか，なぜ，このような結果が導き出されたのかなど，自分の考えを述べる．

6) 感　想
実験や，レポート作成についての感想を書く．

7) 文　献
考察に当たり参考とした文献などを記入する．
例：　単行本／著者名：書名，発行所，発行地，引用ページ（発行年）
　　　和文・英文雑誌／著者名：雑誌名，巻，通巻ページ（発行年）

レポートの提出

決められた書式や期限を守ってレポートを提出する．　　　　　［平井郁子］

I 基礎編

1. 繊維に関する実験

　衣服の大部分は布で作られている．その布をほどくと糸に，糸をさらにほどくと繊維になる．つまり，布は繊維の集合構造体であり，衣服の最小単位は"繊維"である．基礎編の第1章では，繊維の観察や実験を通して，物理的性質および化学的性質について十分に理解することを目的とする．

1.0　天然繊維の観察

　衣服材料の実験を始めるにあたり，天然繊維の中で私たちの一番身近にある綿繊維と高級素材である絹繊維について観察する．

綿　繊　維

図5　実綿の取り出し

【目的】コットンボールから綿繊維を採取し，さらに紡績の原理を知る．
【試料】コットンボール（日本綿業振興会やネット通販などで購入できる）
【器具】定規，黒色のビロード板（黒い紙）など
【方法】

図6　コットンボール

　①コットンボールから3〜5室に分かれた綿の塊をはずし，種子と綿繊維を分離する．種子を取り除いた綿繊維を実綿(みわた)という（図5）．図6は4室と5室に分かれているコットンボールである．

　②綿繊維を引き出して，綿繊維の長さを10本程度測定し，どの程度の長さを持つのかを確認する（p.21「繊維の長さ測定」参照）．

　③コットンボールから取り出した綿繊維を，両手で何回もちぎるようにして繊維の方向をそろえ，少しずつ繊維を引き出してよりを作る．軽くよったものと硬くなるまでよりを加えたものを作り，それぞれを手で引っ張り，強さを比較する．

【考察】
　①よりをたくさんかけると，なぜ，こよりは強くなるのか考えてみよう．

図7　コマによる糸紡ぎ

②糸を作る工程（紡績）について調べる．

【参考】図7に示すような段ボールと割りばしで作ったコマ（スピンドル）を使って，糸を紡いでみよう．

絹 繊 維

乾燥している繭糸は，表面のセリシンというタンパク質が接着剤の役割をしていて，繊維同士がくっついている．セリシンは水に溶けやすい性質を持つので，熱湯で煮ることによりセリシンが柔らかくなり繊維を取り出しやすくする．この操作を煮繭（しゃけん）という．1つの繭から，1,000〜1,500 m の繭を採取できる．

【目的】繭から繭糸を取り出し，生糸の製造法（製糸）について知る．

【試料】繭（通販などで購入できる）

【器具】ビーカー，ピンセット，割りばし，ガスバーナー，三脚，金網，電熱器など

【方法】

①煮繭：ビーカーに水を入れ沸騰させ，繭をしばらく漬ける．すると，図8の1に示すように繭から泡が出てくる．これは繭の中にしみ込んだ水が水蒸気になり，繭の中の空気が外に押し出されるためである．

図8 繭糸採取の様子

ビーカーに水を差し，湯の温度を下げる．繭中の水蒸気が水になり，体積が減るため繭中の空隙が真空状態となり，外から水がしみ込んでくる．

この操作を何度か繰り返すと，繭は中まで柔らかくなり繊維がほぐれやすくなる．ここまでが煮繭の工程である．

②索緒（さくちょ）：繭の表面を割りばしでなでると繭糸の糸口がたくさん出てくる．この操作を索緒といい，実際には索緒箒（さくちょぼうき）という刷毛のようなものを使用する．

③抄緒（しょうちょ）：この多数の繭糸をたぐっていくと，1本の糸口が見つかる．この操作を抄緒という．

④このように引き出された繭糸を，何本か合わせて生糸にする．

⑤今回は繭糸1本のまま，プラスチックの板やラップの芯などに繭糸を巻き取っていく（図8の2）[*1]．

⑥取り出した繭糸の側面形態と断面形態を観察（図9），セリシンを除去した絹繊維の形態と比較する（方法は，p.10「形態による鑑別」参照）．

[*1] 時間があれば，巻き取り回数を数えながら最後まで巻き取り，繭糸の長さを調べるとよい．

【考察】

①繭から生糸を作る工程（製糸工程）について調べる．

②先練り織物と後練り織物の違いについて調べる．

［松梨久仁子］

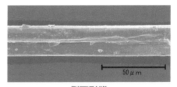

側面形態

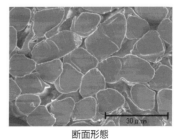

断面形態

図9 繭糸の観察

1.1 形態による鑑別

【目的】繊維はその種類によって，様々な特徴的な形態を持つ．繊維の形態は，紡績のしやすさ，糸や布などの光沢，摩擦，触感，風合いなどと密接に関係する．繊維それぞれの形態の特徴から，繊維の鑑別も可能である．ここでは，既知の繊維を顕微鏡観察することにより，各種繊維の形態的特徴を把握する．

【試料】綿，毛，絹，麻，レーヨン，キュプラ，アセテート，ナイロン，ポリエステル，アクリルなど[*1]

【器具】光学顕微鏡（図10），スライドガラス，カバーガラス，スポイト，ピンセット，穴あき金属板あるいはプラスチック板，カミソリなど

[*1] 繊維に関する実験に使用する試料は，日本規格協会の添付白布や教材販売会社の白生地セットなどを購入するとよい．

光学顕微鏡の使い方
①直射日光を避け，明るいところに置く．
②接眼レンズ，対物レンズの順に取り付ける．
③レンズをのぞきながら，視野が明るくなるように反射鏡の傾きを調節する．
④プレパラートをステージに載せ，クレンメルで留める．
⑤横から見ながら粗動調節ねじを回し，対物レンズの先端とプレパラートをぎりぎりまで近づける．
⑥接眼レンズをのぞきながら粗動ねじを回し，ピントを合わせる．
⑦微動ねじを使って完全にピントを合わせ，反射鏡や絞りを再調整し，最もクリアな像が見えるようにする．
⑧観察したい部分を視野の中央に来るよう，プレパラートを移動する．
⑨倍率を上げるときは，対物レンズの付いているレボルバーを回転し高倍率にする．この時点でほぼピントは合っているので，微動ねじを回して完全にピントを合わせる．

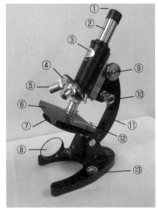

①接眼レンズ
②接眼スリーブ
③鏡筒
④レボルバー
⑤対物レンズ
⑥ステージ
⑦絞り
⑧ミラー
⑨粗動ねじ
⑩微動ねじ
⑪アーム
⑫クリップ
⑬鏡台

図10　顕微鏡各部の名称

図11　マイクロスコープ
接眼レンズがなく，デジタルカメラで対象物をモニターに映し出して観察する．

【方法】
①側面形態の観察：繊維数本をスライドガラスの上に重ならないように並べ，スポイトで1滴たらし，カバーガラスを気泡が入らないようにかぶせる．周りから浸み出した水はガーゼなど吸い取る．なお，繊維が重なっていると，高倍率でのピント合わせが困難になる．

観察は300～500倍程度の倍率で行い，繊維形態をスケッチする．その

際，倍率を付記する*2.

②断面形態の観察：スライドガラスくらいの大きさで，厚さ0.3〜0.5 mm程度の厚さの金属板あるいはプラスチック板（下敷きでもよい）に直径1mm以下の穴が開いたものを用意する．

試料が糸の場合はよりをほどき，何本かの糸を束ねておく．

図12の，細くて丈夫な糸（ポリエステルやナイロンのフィラメントミシン糸など）を板の穴に通してループ状にする．

ループに観察する繊維の束を引っ掛ける．

ループ糸を引っ張り，繊維を穴の中に引き入れる*3.

穴の上下の繊維を，切れ味の良いカミソリでカットし，板と繊維の裁断面が同一面になるようにする．カットする際は，カミソリを少し斜めに角度をつけて，前後に小刻みに動かしながらカットするとよい．

断面の場合は，できれば500〜600倍程度の倍率で観察したい*4.

なお，側面の観察よりも視野が暗く，倍率を上げるに従い視野がさらに暗くなるので，絞りは全開にし，反射鏡を一番明るく見える位置に調整することがポイントである．

【結果】表5（次ページ）のように，側面形態と断面形態のスケッチ，その特徴を一覧表にまとめる．

【考察】

①繊維の形態的特徴は，繊維のどのような性質と関係するか考察する．

②多様な繊維の形態がどのように生じたのかを調べる．

【参考】

①異形断面性の観察：ポリエステルやナイロンはレギュラータイプだけではなく，異形断面繊維についても観察するとよい．ポリエステル繊維の異形断面の例を図13に示す．

[松梨久仁子]

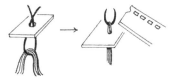

図12　断面観察用試料の作製法

*2 40〜100倍の低倍率でピントを合わせてから，倍率を上げた方が観察しやすい．

*3 容易に穴に入るようでは，繊維の量が少なすぎる．引き込むときにかなり抵抗があるぐらいの量が必要である．

*4 断面の観察は，穴の場所が見つけにくいので，まずは40倍程度の低倍率でピントを合わせ，繊維が詰まった穴の部分を視野の中心に移動させてから，順次，倍率を上げていくとよい．

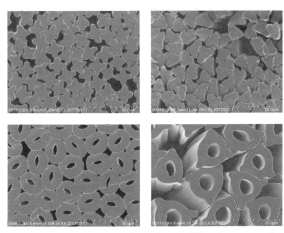

図13　異形断面繊維の例（走査型電子顕微鏡写真，×1000）

12　Ⅰ　基礎編／1.繊維に関する実験

表5　繊維の形態（走査型電子顕微鏡写真）

繊維名	側面		断面	
綿	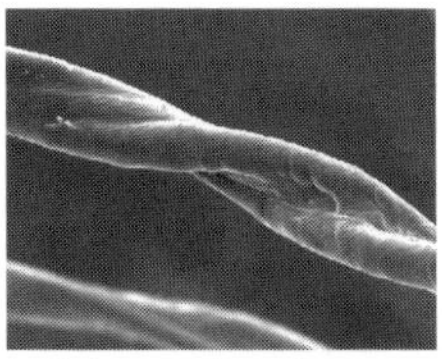	扁平なリボン状で全長にわたり天然よりがみられる（マーセル化綿ではより少ない）	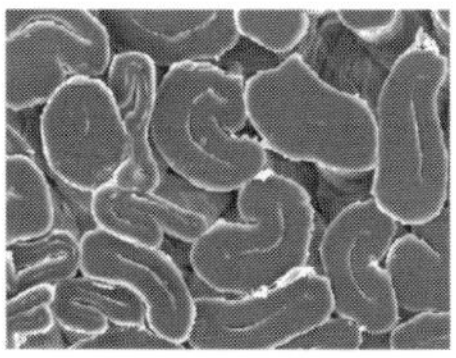	そら豆形，馬蹄形など種々のものがあり中空部分がある（マーセル化綿は丸くなる）
麻	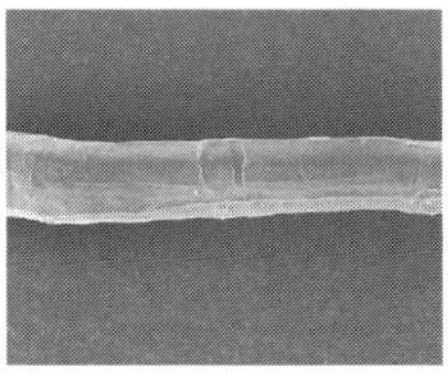	繊維軸方向に線条が走り，ところどころに節を持つ．先端は亜麻（リネン）が鋭く，苧麻（ちょま，ラミー）は鈍角である（×500）	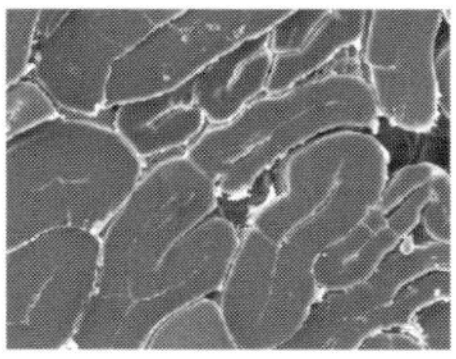	亜麻は多角形で中空部分がある 苧麻は扁平な楕円形で中空部分がある
絹	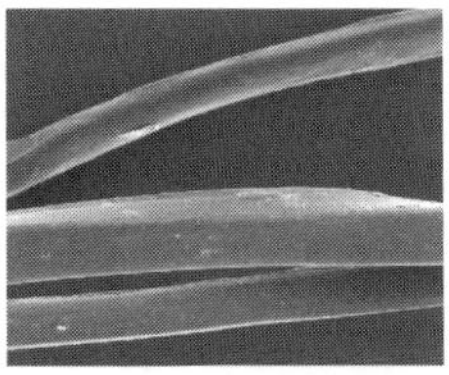	表面は滑らかで変化がない	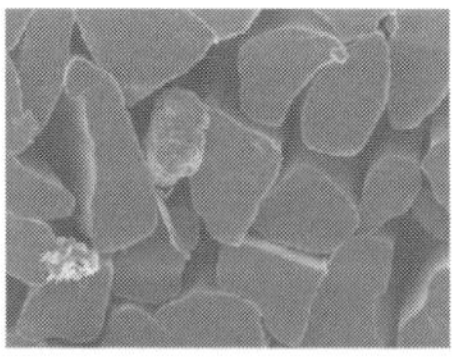	三角形
毛	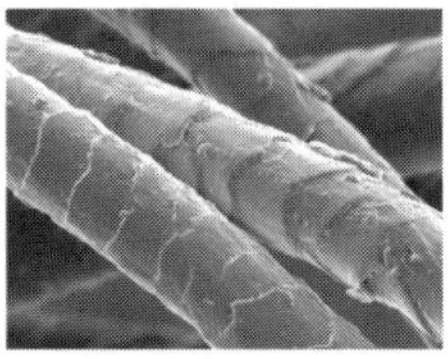	うろこ片がみられる	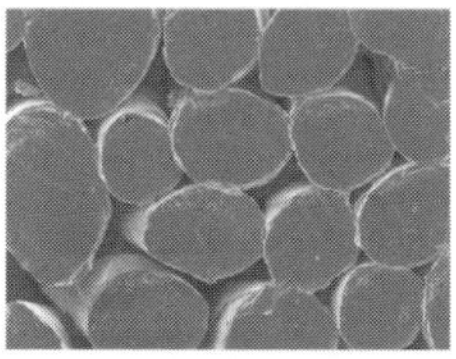	円形のものが多い
レーヨン	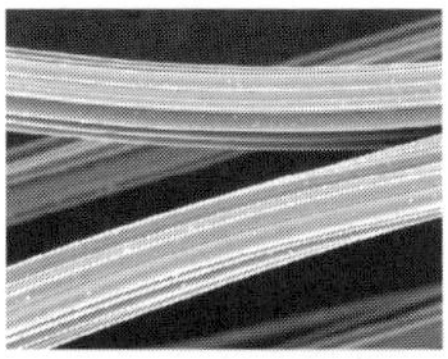	繊維軸方向に数本の線条が走っている	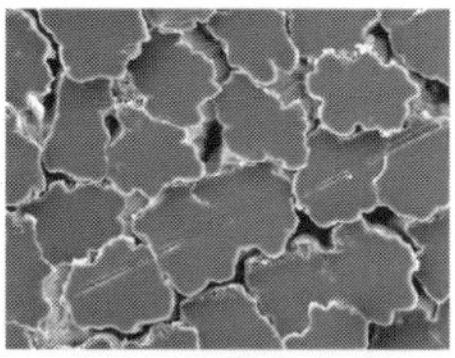	輪郭は不規則な花弁状
キュプラ	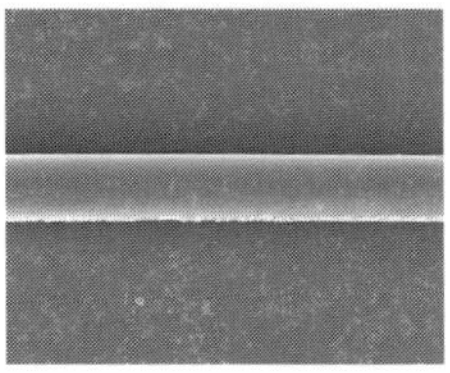	表面は滑らかである	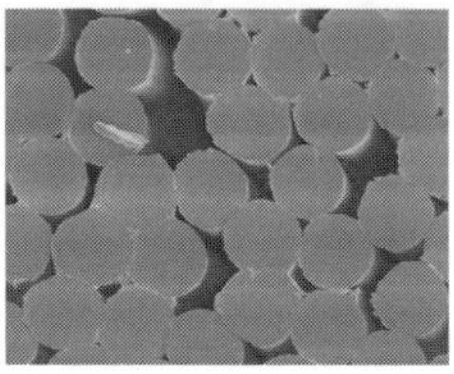	円形
アセテート	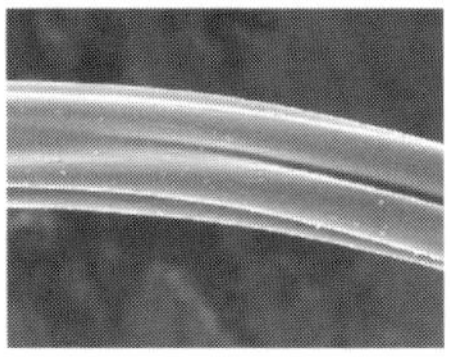	繊維軸方面に1～2本の線条が走っている	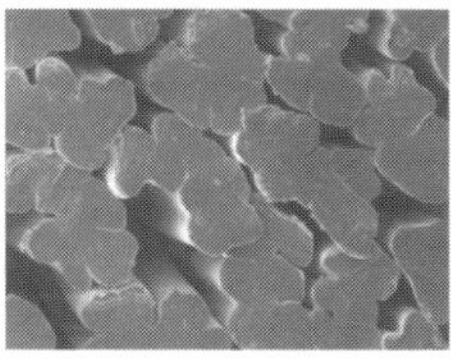	クローバーの葉状

表5（つづき）

繊維名	側面		断面	
ナイロン		表面は滑らかである		円形のものが多い
ポリエステル		表面は滑らかであるが，種類が多く一様でない		同上
アクリル		種類が多く一様ではなく，表面が滑らかなものまたは，表面が荒れたものがある（×500）		円形のものが多いがハート形のものもある
アクリル系		繊維軸方向に1本の太い線が走っている（×500）		馬蹄形

（×500）は500倍，無記載の写真はすべて1000倍で撮影．

走査型電子顕微鏡

電子顕微鏡には走査型電子顕微鏡（SEM：scanning electron microscope）と透過電子顕微鏡（TEM：transmission electron microscope）がある．繊維や繊維製品の観察には，主にSEMが使われる．繊維等の観察にSEMがよく使われるのは，光学顕微鏡に比べて焦点深度が深く，立体的な画像が得られるためである．ここでは，SEM（図14）について，簡単に解説する．

真空中で細く絞った電子ビームを試料に照射すると，二次電子線，反射電子などが放出される．二次電子線は試料近くから発生する電子で，それを検出して得られた二次電子像は試料の微細な凹凸を反映している．SEMは，この情報を基に拡大像を得る顕微鏡である．

図14 走査型電子顕微鏡（SEM）の外観

1.2 燃焼による鑑別

【目的】繊維の燃え方にその種類ごとに特徴があり，燃やすことによって簡便で迅速な鑑別方法として利用できる．ここでは，実際に繊維を燃やして燃え方を調べ，その特徴を知る．

【試料】形態観察と同じ試料を用いる（綿，毛，絹，麻，レーヨン，キュプラ，アセテート，ナイロン，ポリエステル，アクリルなど）

【器具】ガスバーナーあるいはアルコールランプ，マッチあるいはライター，ピンセット，時計皿など

【方法】試料布からたて糸あるいはよこ糸をほぐして少量（5本程度）の束状にし，繊維束の一方の端をピンセットでつまみ，炎に近づけたとき，炎の中などでの繊維の様子を観察する．

①炎に近づけたとき，繊維はどのような挙動を示すか．収縮したり溶解したりするか．

②炎の中ではどのような燃え方をするか．炎の状態，繊維が溶けるか，煙の色などを観察する．

③炎から離したとき，燃焼を続けるのか，自己消火するのか．

④燃焼時の臭い（火を消したときの煙を手で仰いで，臭いをかぐとわかりやすい）．

⑤燃えかすの状態について，量，色や形，硬さ・もろさなどを確認する．

⑥その他，気づいた点についても書き留める．

【結果】観察した結果について，表6のようにまとめる．

【ガスバーナー（テクルバーナー）の使い方（図15）】

①コックおよびガス空気調節ネジと空気調節ねじが閉じていることを確認し，ガスの元栓にバーナーのホースを差し込む．

②ガスの元栓を開いてから，コックを開く．

③マッチの火を近づけ，ガス調節ねじを少しずつ開いてガスを出す．

④炎が付いたらガス調節ねじを調節して，適当な炎の大きさにする．

⑤空気調節ねじを開き，青白い炎になるよう空気を入れる[*1]．炎を小さ

[*1] 燃焼試験の場合は，炎の先端に少し赤みがあった方が炎の高さがわかるため，実験しやすい．

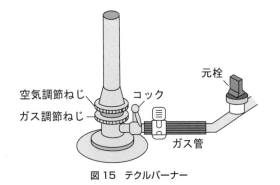

図15 テクルバーナー

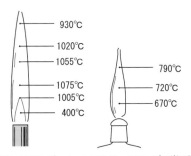

図16 テクルバーナーとアルコールランプの炎の温度

表6 繊維の燃焼性（JIS L 0130-1 より抜粋）

繊維名	燃焼試験				
	炎に近づけるとき	炎の中	炎から離れたとき	におい	灰
綿・麻	炎に触れると直ちに燃える	燃える	燃焼を続け，非常に速やかに燃える．残照がある	紙の燃えるにおい	非常に小さく柔らかくて灰色
絹	縮れて炎から離れる	縮れて燃える	毛に似ているが，ややひらめいて燃える	毛髪の燃えるにおい	黒く膨れあがり，もろく容易に潰れる
毛	同上	同上	困難ながら燃焼を続け，燃えるに先立って縮れる	同上	同上
レーヨン，キュプラ	炎に触れると直ちに燃える	燃える	燃焼を続け，非常に速やかに燃える．残照はない	紙の燃えるにおい	ダル※でなければ灰はほとんど残らない
アセテート，トリアセテート	溶融し炎から離れる	溶融して燃える	溶融しながら燃焼を続ける	酢酸臭	黒くて硬くてもろい不規則な形
ナイロン	溶融する	同上	燃焼を続けない	アミド特有のにおい	硬く焦茶色から灰色のビーズ
ポリエステル	溶融する	溶融し黒煙を上げて燃える	燃焼を続ける	非常に甘いにおい（弱い）	硬く丸い黒色
アクリル	溶融して着火する	同上	速やかに燃える	肉を焼いたときのにおいにやや似ている	硬く黒く不ぞろい
アクリル系	縮れて炎から離れる	溶融し黒煙を上げて燃える	燃焼を続けない	石けんを焼いたにおいに似ている	もろい不規則な黒塊

※繊維の光沢の種類にはブライト，セミダル，ダルがあり，ダルは繊維の光沢を消したタイプを指す．酸化チタンをツヤ消し剤として紡糸原液に混入して紡糸する．

くするときは，空気の量を減らしてからガスの量を減らす．

⑤火を消すときはこの逆の手順で，空気調節ねじを閉じてからガス調節ねじを閉じ，コックを閉めて最後に元栓を閉める．

【考察】

①燃えやすさ，炎から遠ざけたとき燃焼を続けるか続けないか，などの観察結果から，繊維を易燃性，可燃性，難燃性に分類してみよう．

②燃え方の観察結果から，共通する特徴で系統立て，燃焼試験でどの程度まで繊維を鑑別できるか検討する（図17）．特に，溶融する繊維としない繊維では熱的性質が大きく異なるので，この点について詳しく考察する．　　　　［松梨久仁子］

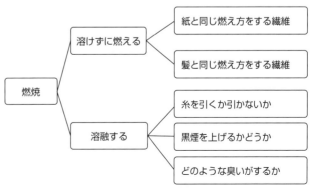

図17 燃焼法による繊維の分類

1.3 溶解による鑑別

【目的】繊維の薬品に対する溶解性は，繊維の組成や製造法により異なる．この違いを利用して，繊維を鑑別することができる．また，衣服をはじめとする繊維製品を洗濯や漂白などを行う際には，洗剤や漂白剤に対する抵抗性（耐薬品性）を考える必要がある．この実験では，繊維の薬品に対する性能を正しく理解することを目的とする．

【試料】形態観察と同じ試料を用いる（綿，毛，絹，麻，レーヨン，キュプラ，アセテート，ナイロン，ポリエステル，アクリルなど）

【器具】試験管，試験管立て，ピペット，ピペッター，ビーカー，ガスバーナー，三脚，ウォーターバス，ピンセット，ガラス棒，温度計，時計皿など

【試薬】70％硫酸，35％塩酸，氷酢酸，5％水酸化ナトリウム，100％アセトン，ジメチルホルムアミドなど[*1]．

*[1] 試薬の調製法については，p.82 の表 30 参照.

【方法】

①試料は布から採取する場合は，5～7 mm 四方の大きさに切り出す．1 つの試薬に対し，一度に 5 種類程度の繊維試料を入れて観察する[*2]．そのため，試料は異なる形に切って識別できるようにする（図 18）．円形ではなく，角がある三角形や多角形の方が，薬品処理後の形状変化を観察しやすい．試料が糸の場合は，結び方で変化をつける．

*[2] 1 試薬につき 1 試料のほうが観察しやすいが，廃液の量を減らすことを考慮している.

②原綿の場合は 10 mg 程度を丸くまとめて使用する．この場合，1 つのガラス容器に 1 種類の試料を入れて実験を行う．

③常温で処理する試薬はビーカーに，加熱処理をする試薬は試験管に，それぞれ 10 mL とる．

④所定の温度と時間で処理する．処理方法を表 7 に示す．必要に応じてその他の薬品についても行うとよい（処理方法は JIS を参照）．加熱処理はウォーターバスを用い，湯せんで行う．

⑤溶け残った試料を試薬から時計皿に取り出し，溶解か不溶の確認をし，各試薬に対する繊維の溶解性を観察する．

⑥別の新たな試料を試薬に投入し，同様に観察する．試薬は 2 回ぐらいは十分に使用可能である[*3]．

*[3] 試験終了後，廃液は教員の指示に従い回収びんに捨て，流しに捨ててはならない.

【結果】観察した結果について，表 8 のようにまとめる．

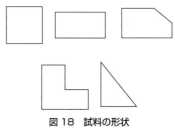

図 18 試料の形状

表 7 溶解試験の処理条件

試薬	処理条件
70％硫酸 H_2SO_4	室温で 10 分間処理
35％塩酸 HCl	室温で 10 分間処理
氷酢酸 CH_3COOH	沸騰水浴中で 10 分間加熱
5％水酸化ナトリウム $NaOH$	沸騰水浴中で 10 分間加熱
100％アセトン CH_3COCH_3	室温で 10 分間処理
ジメチルホルムアミド $HCON(CH_3)_2$	40～50℃で 10 分間処理

1.3 溶解による鑑別　　*17*

表8　各種繊維の各種試薬に対する溶解性（JIS L 0130-1 より抜粋）

繊維名	溶剤					
	70%硫酸	35%塩酸	氷酢酸	5%水酸化ナトリウム	100%アセトン	ジメチルホルムアミド
	常温	常温	煮沸	煮沸	室温	40～50℃
綿	◎	×	×	×	×	×
亜麻（リネン）および苧麻（ちょま，ラミー）	◎	×	×	×	×	×
絹	◎	◎	×	◎	×	×
毛	×	×	×	◎	×	×
レーヨン，キュプラ，リヨセル[注]	◎	◎	×	×	×	×
アセテート	◎	◎	◎常温	○	◎	◎常温
トリアセテート	◎	△	◎常温	×	△	◎常温
ナイロン	◎	◎	◎	×	×	※ 煮沸 ◎
ビニロン（ホルマル化）	◎	◎	×	×	×	×
アクリル	×	×	×	×	×	※ 40～50℃ ◎
アクリル系	×	×	×	※ 40～50℃ ◎	×	◎常温
ポリエステル	×	×	×	×	×	※ 煮沸 △

◎：溶解，○：かなり溶解，△：わずかに溶解，×：不溶，※：タイプによって溶解性が一致しない．
注）　レーヨン，キュプラおよびリヨセルは溶解性による識別は難しく，形態から識別する必要がある．

【考察】
　①酸，アルカリに対する耐性によって繊維を分類する．
　②特定の溶剤に溶ける繊維があるが，それはなぜか考察する．
　③溶解性試験により未知繊維を鑑別する場合，どのような道筋で鑑別できるかを考える．
　④繊維製品を洗濯するときには，取扱い表示を見て洗剤や漂白剤を使い分けなければならない．この理由を実験結果から考察する．
　⑤私たちの身の回りには繊維に損傷を与えるものが多く存在する．洗剤，漂白剤のほかにもカビ取り剤，台所やトイレの洗浄剤，排水パイプ用洗浄剤，除光液などの成分を調べ，これらの薬剤が繊維に与える影響について考えてみる．　　　　　　　　　　　　　　　　　　　　　　　　［松梨久仁子］

1.4 繊維の染色性，呈色性

【目的】繊維への染色性は，繊維と染料の相互作用，繊維および染料それぞれの特性によって異なる．例えば，親水性繊維には水溶性染料が染まりやすいが，難水溶性染料は染まりにくい．このような各繊維に対する染色性の違いを利用して，定性的に繊維鑑別を行う方法を学ぶ．

【試料】多繊交織布（一例として日本規格協会などで頒布，図19），未知試料白布

【試薬および染料】市販繊維鑑別用試薬（カヤステインまたはボーケンステインⅡ），市販合成染料（たとえば直接染料，酸性染料，分散染料，塩基性染料など）

【器具】ウォーターバス，300 mL ビーカー，温度計，時計皿など

【方法1　市販繊維鑑別用試薬を用いる方法】

①多繊交織布はたて糸方向に5 cm 長さ，未知試料は5 cm×5 cm とし，あらかじめ水に充分浸しておく．

②試薬は，1%濃度の水溶液として100 mL 調製する．これを加熱して沸騰直前に①の試料を1枚ずつ入れ，2分間煮沸させて染色する．

③染色後，試料を流水でよくすすぎ，ろ紙で脱水，自然乾燥させる．

④未知試料白布と鑑別色一覧表および多繊交織布の色を比較して，同様な染色性を示す繊維が存在するか調べ，未知試料白布の繊維組成を定性的に鑑別する．

図19 多繊交織布の一例（日本規格協会など）

【方法2　混合染料溶液を用いる方法】

①多繊交織布および未知試料白布は，方法1の①と同様に準備しておく．

②混合染料溶液を調製する．直接染料，酸性染料，分散染料，塩基性染料[*1]を0.1 g ずつ量り，1つのビーカーに入れて100 mL の水で撹拌しておく．これを90℃のウォーターバス中で温め，①の試料を各1枚ずつ入れて，30分間よくかきまぜて染色する．

*1 必要に応じて助剤を入れる．

③染色後，試料を流水でよくすすぎ，ろ紙で脱水，自然乾燥させる．

④未知試料と多繊交織布の色を比較して，同様な染色性を示す繊維が存在するか調べ，未知試料白布の繊維組成を定性的に鑑別する．

【結果】表9のように，染色後の布を添付する表を作成する．多繊交織布の結果と，未知試料白布の染色性を目視で比較し，未知試料白布の繊維名を総合的に鑑別する．

【考察】現在の繊維製品は様々な加工が施されており，また単一組成でない場合も多い．そのため，染色性のみでは繊維の鑑別は困難である．その点

表9 市販繊維鑑別用試薬で染色した多繊交織布（出版社ウェブサイトにカラー資料あり）

繊維名 / 鑑別用溶液	多繊交織布（一例）							
	綿	ナイロン	ジアセテート	羊毛	レーヨン	アクリル	絹	ポリエステル
ボーケンステインⅡ								
未知試料								

No.	試料	繊維名（予測）	備考
1		綿	
2			

を踏まえたうえで，以下に示す染料や繊維の化学構造，特性，ガラス転移点（温度）すなわち T_g（p.74「熱セット性」参照）との関係を総合的に考察し，定性的な繊維鑑別の一助とする．

　①直接染料：水溶性基（スルホン酸基，カルボキシル基）を持ち，水溶性を示す．そのため，親水性繊維のセルロース系繊維に染着するが，合成繊維（疎水性繊維）には染まらない．

　②酸性染料：直接染料と同様に水溶性であり，水中でマイナスのイオン（アニオン）となって溶解する．アミノ基を有するタンパク質系およびポリアミド系繊維は，アミノ基が水中でプラスのイオン（第四級アンモニウム塩）となる．そのため，酸性染料とイオン結合し染着する．

　③分散染料：水溶性基がなく水不溶性染料であるため，疎水性繊維（合成繊維）に染着する．分子量は小さく，T_g 以上の染色温度において，染料分子が非晶領域に拡散し，染着が可能になる．しかしポリエステル，アクリル繊維は T_g が高いため，100℃以下の染色温度では染まりにくい．また羊毛は疎水性と親水性を併せ持つため，繊維の疎水性部分で染着する．絹は，非晶と結晶領域の中間領域において分散染料が安定に存在し染色は可能であるが，疎水性繊維のように良好ではない．

　④市販繊維鑑別用試薬：試薬に添付されている各種繊維への色相，色名一覧を参照して，未知試料の繊維鑑別が可能であり，非常に簡易である．しかしながら，試料の糊剤や樹脂加工剤などは，一覧表の色相とは異なるため判別が難しいこともある．　　　　　　　　　　　　　　[長嶋直子]

1.5 繊維の太さと長さ

繊維の太さ測定（顕微鏡ミクロメーターによる方法[*1]）

【目的】繊維の形態は様々であり，太さ（幅）も繊維によって異なる．その繊維の太さを，顕微鏡とミクロメータを用いて測定する．

【試料】天然繊維・化学繊維各種

【器具】顕微鏡，接眼ミクロメータ，対物ミクロメータ，スライドガラス，カバーガラス，スポイト，ガーゼなど

【方法】

①接眼レンズの1目盛の長さを測定する：

接眼レンズの上のねじ込みを外し，接眼ミクロメータをセットする．対物ミクロメータを顕微鏡のステージの上に置き，対物ミクロメータの目盛にピントを合わせる．接眼レンズを回して，対物ミクロメータと接眼ミクロメータの目盛が平行になるようにする（図22）．

図22中の矢印で示すように，対物ミクロメータと接眼ミクロメータの目盛がちょうど重なるところを2カ所探し，その間の目盛の数を対物と接眼のそれぞれを数える．

次式により，接眼ミクロメータの1目盛の長さ x（μm）を求める．

$$x\ (\mu m) = \frac{10\ \mu m \times 対物レンズの目盛の数}{接眼レンズの目盛の数}$$

②繊維の太さを測定する：繊維試料は繊維の側面形態観察用と同様に作製する（p.10参照）．

顕微鏡の試料台から対物ミクロメータを取り除き，繊維試料を載せてピントを合わせる．繊維の太さが接眼ミクロメータの何目盛かを読む．

読み取った目盛数に接眼ミクロメータ1目盛の長さをかけて，繊維の太さを算出する．

綿をはじめとする天然繊維のように，太さにムラのある繊維は，太い部分や細い部分など様々な部分をランダムに選び，少なくとも10カ所以上は測定する．

【結果】測定結果を一覧表にまとめ，各繊維の平均値を算出する．

【考察】

①どの繊維が見かけの太さが太くてどの繊維が細いのか，比較する．

②繊維の種類によって，ばらつき方はどうなっているだろう

[*1] 近年はデジタルマイクロスコープも多く出回っており，付属ソフトの計測ツールを用いれば，簡単に太さ測定ができる（p.10参照）．

図20 接眼ミクロメータ

接眼ミクロメータは円形のガラス板で，中央に5mmを100等分した目盛が刻んである（10mmを100等分したものもある）．この目盛は顕微鏡の倍率によって変わり，対物ミクロメータを用いて1目盛の長さを測っておく必要がある．

図21 対物ミクロメータ

対物ミクロメータは，スライドガラスの中央に目盛が刻んである．1目盛の長さは0.01mm（10μm）である．

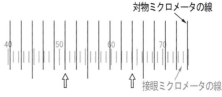

図22 接眼ミクロメータの読み方

図22では接眼ミクロメータの51と64で一致している．この13目盛の間の対物ミクロメータの目盛を数えると6目盛ある．対物ミクロメータの目盛は10μmなので，接眼ミクロメータ13目盛分の長さは60μmである．したがって60μmを13で割れば，接眼ミクロメータの1目盛の長さは4.62μmとなる．
注意：視野の端は誤差が大きいので，中心部で測定する．

か．標準偏差を算出して検討する．

【参考】化学繊維の断面がほぼ円形の繊維（ポリエステル，ナイロンなど）については，繊度（p.26「糸の太さの表し方（番手）」参照）を算出する．繊度は繊維の基準長さあたりの質量である．デニールの基準長さは9,000 m，テックスは1,000 m，デシテックスは10,000 mであるので，次式により繊度が算出できる．ここで，dは繊維の太さ（μm），ρは繊維の密度（g/cm³）である（繊維の密度はp.92「繊維の比重（密度）」参照）．単位を換算して計算すること*2．

$$繊度 = 基準長さ \times \pi \left(\frac{d}{2}\right)^2 \times \rho$$

*2 cmに合わせるとよい．texを算出する場合はtex = $1 \times 10^5 \times \pi(d/2 \times 10^{-4})^2 \times \rho$ となる．dtexの場合は1×10^6，Dの場合は9×10^5にすればよい．

繊維の長さ測定

【目的】綿や羊毛をはじめとする天然繊維の繊維長は多様である．品種が違えばその長さは当然ながら異なるが，同じ品種の中でも長さや太さなど個体差がある．ここでは，天然繊維の繊維長のばらつきを，ステープルダイヤグラムを作成して分析する．

【試料】綿，羊毛の原綿あるいは糸をほぐした単繊維
【器具】黒のビロード板，ピンセット，定規など
【方法】

①ビロード板上で繊維の長さを1本ずつ測定する．100本以上は測定する．

②得られた結果から図23のように，方眼紙あるいはエクセルを使いステープルダイアグラムを作成する．

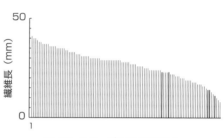

図23 ステープルダイヤグラム

【結果】繊維の長さで区分し，ヒストグラムを作成する（図24）．繊維長の平均長さと標準偏差を算出する．

【考察】

①綿と羊毛では繊維長の違いを比較する．

②綿花はその繊維長により，超長繊維綿，長繊維綿，中長繊維綿，中繊維綿，短繊維綿に区分される．今回の実験で測定した綿繊維は，平均長さからどの区分に属するかを検討する．

③各区分にはどの種類の綿花があるかを調べる．

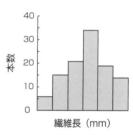

図24 ヒストグラム

図25 繊維のステープルダイヤグラム

JIS L 1019で規定されているダブルソータ法では，55～75 mgの繊維試料を両手で引き抜きと重ね合わせを繰り返し，繊維を平行になるようにそろえ，長い繊維から短い繊維までを上図のように長さ約16 cmになるように並べステープルダイアグラムを作成し，有効繊維長（mm）（JIS L 1019参照）と短繊維含有率（%）を求める．

1.6 繊維の引張特性1：引張強さと伸び率

　衣服はその着用の際に様々な外力を受ける．その外力に対応する性質を機械的特性あるいは力学的特性といい，引張，せん断，曲げ，圧縮などがある．その中で最も基本的な性質は，引張特性といえよう．ここでは，各種繊維の引張に対する強さと伸びについて調べる．

【試料】綿，羊毛，レーヨン，ナイロン，ポリエステルなどの単繊維

【機器】定速伸長形引張試験機あるいは定速緊張形引張試験機

【器具】黒いラシャ紙，ピンセット，両面テープ，接着剤など

【方法】

[試料の作製（図26）]

①方眼紙を縦30 mm，横60～70 mmに切り出し，コの字形になるように真中を20 mm×50 mmにカットする．

②繊維を見やすくするために黒いラシャ紙の上に切り出した方眼紙を置き，両面テープで固定する．両面テープがコの字の内側にはみ出ないよう気を付ける．

③両面テープの上紙をはがし，テープ上に5 mm間隔で単繊維を貼る．繊維を引っ張りすぎないように注意する．さらに，繊維は1本1本，接着剤（セメダインなど）で固定する．接着剤がはみ出さないように，つまようじなどを使い少量つけるようにする．

④両面テープの上に10 mm幅の方眼紙を貼り，接着剤が完全に乾くまでしばらく放置する．

⑤用紙の上下を5 mm幅になるようにカットし，黒い台紙から外す．測定時に，試料を1本ずつ切り離す．

[引張試験]

①作製した試料を引張試験機のつかみに挟む．JISでは初荷重をかけて繊維の緩みや捲縮を取り除き，その緩みの長さを測定するように規定されている．初荷重は1 texあたり，綿，レーヨン，キュプラ，アセテート，ナイロンは約4.41 mN，ポリエステルは5.88 mN，アクリルは8.82 mNであるが，この実験においては省略してもよい．

②引張速度20 mm/minの条件[*1]で，繊維が切断するまで試験を行い，切断時の荷重（cNまたはN）と伸び（mm）を測定する．測定回数は，各繊維につき，5～10回とする．

①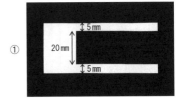
②
③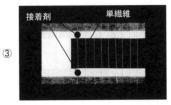
④
⑤

図26　試料の作製方法

[*1] 1分間あたり，つかみ間隔の約100%の引張速度とする．

[湿潤時試験]

①試料を水の中に浸せきさせた後，試験を行い，切断時の荷重（cNまたはN）と伸び（mm）を測定する．

②浸せき時間に関しては，毛は1分以上，綿および麻は3分以上，化学繊維は2分間とする．

【結果】次式により引張強さ F と伸び率 ε を算出し，さらにそれぞれの平均値を引張強さは小数点以下2桁，伸び率小数点以下1桁まで算出する．

$$F = \frac{F_D}{D}$$

ここで，F：引張強さ（cN/dtex または N/tex），F_D：切断時の荷重（cNまたはN），D：繊維の太さ（tex あるいは dtex）[*2] である．gf，kgf 表示になっている試験機の場合はcN あるいはN に換算する．1 gf = 0.98 cN = 0.0098 N，1 kgf = 1 N である．

[*2] 繊維の太さ(tex)が不明の場合は，繊維の太さの項を参照して求める．

$$\varepsilon = \frac{L_1}{L} \times 100$$

ここで，ε = 伸び率（%），L_1：切断時の伸び（mm），L：つかみ間隔（mm）である．なお，初荷重をかけ繊維の緩み量を考慮する場合は，切断時の引張試験機で得られた伸びから緩み量を減じた値を L_1 とする．

【考察】

①各繊維の強さと伸び率の関係について，比較検討する．

②各繊維の強さと伸び率に対する水分の影響について考察する．湿潤時と標準時の強さと伸びの比を算出して検討するとよい．

$$乾湿強さの比 = \frac{湿潤時の引張強さ}{標準時の切断強さ}$$

$$乾湿伸び率の比 = \frac{湿潤時の伸び率}{標準時の伸び率}$$

【参考】結節強さ，引掛強さに関しては，図27のように試料を作製し，通常の引張試験と同様の条件で，切断時の結節強さ，引掛強さを測定する．

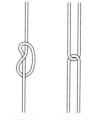

結節強さ　引掛強さ
図27　試料の作製方法

乾・湿時の強さの違い

乾・湿時の強さの違いについては，簡単に調べることができる．

①綿とレーヨンの織物を6枚ずつ，たて10～15cm，よこ1cm程度の大きさに切り出す．

②布の両端から糸をほぐして，布の幅を3mmにする．

③試料のうち3本を水に浸し，十分に吸水させる．

④標準時の布と湿潤時の布を，それぞれ両手で引っ張り，切断の強さを比較する．

⑤引張試験機で測定する場合は，試料の作製方法や引張条件については布の引張試験（p.40）を参照する．

2. 糸に関する実験

　糸の種類については，様々な視点から分類することができる．繊維素材による分類では綿糸，毛糸，絹糸，レーヨン糸，ナイロン糸，ポリエステル糸などに，用途による分類では縫い糸，織糸，編糸，レース糸などに分類できる．しかし，ここでは糸を構成する繊維の長さに着目した分類で，糸の種類とその構造について考えていきたい．

2.1　糸の構造

【目的】第1章で綿や羊毛の繊維の長さを測定したが，このように繊維長が数 cm から数十 cm のステープル*1（短繊維）から作られる紡績糸*2 と，フィラメント*3（長繊維）から作られるフィラメント糸がある．これらの糸は繊維によりをかけたり，あるいは引きそろえられたりして作られる．ここでは，この糸の構造について調べ，糸の太さの表し方を学ぶ．

*1 ステープルファイバー，短繊維ともいう．綿・麻・毛など，比較的短い長さを持つ繊維．化学繊維からステープルを製造する場合は，紡糸された繊維を短く切断する．

*2 スパン糸ともいう．

*3 実質的に無限の長さを持つ連続した繊維．絹は 1,000 m 以上の長さを持ち，天然繊維の中で唯一フィラメントに分類される．

紡績糸とフィラメント糸の判別

【試料】織物やニット布より採取した織・編糸，手縫い糸，ミシン糸など
【器具】検ねん機，待ち針など
【方法】糸をほどき繊維を取り出し，その繊維の長さから紡績糸かフィラメント糸かを判断する．

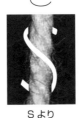
Sより　　Zより
図28　より方向

より

1) より方向

　指先で糸のよりを戻し，SよりかZよりかを調べる．糸の上側を固定し，下側を左回しにすると糸が緩む場合はSより，右回しにすると緩む場合はZよりである．また，よりの筋を見て，右下がりであればSより，左下がりであればZよりと視覚的にも判断できる（図28）．

2) 合糸数（より合わせ本数）

　解いた糸が何本の糸から作られているか，その本数を数える．
　よりを解くと繊維に分かれる場合は，単糸である．繊維ではなく糸に分かれる場合は合糸した糸であり諸より糸といい（図29），分かれた糸の本数が合糸数である．糸の本数が2本であれば2本諸より糸・双糸，3本であれば3本諸より糸あるいは三子糸という．

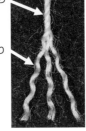
上より
下より
図29　合糸数・上よりと下より

3) より数

【方法】
　①測定する糸をたるまないように検ねん器のつかみに挟む*4．その際，

*4 中左の矢印で示す針を，左下のスケールの設定したい長さに合わせると，その目盛のつかみ間隔になる．

つかみの間隔は紡績糸の単糸の場合は 2.54 cm（1 インチ），諸より糸あるいは片より糸[*5] の場合は 25.4 cm（10 インチ）とする（図 30）[*6].

②より数の指針を 0 目盛に合わせる．

③回転右側のハンドルを回し，単糸の場合は繊維に，諸より糸の場合は下より糸が平行になるまで解ねんし，より数を測定する．その際，繊維や糸が絡んでうまく解けない場合は，待ち針などを用いるとよい．

④諸より糸が解ねんした回数は上より数である．

⑤分かれた糸の 1 本のみを残し，他の糸は両つかみから切断する．残った糸のよりが戻らないように指で把持し，左側のつかみを右に移動し，つかみ間隔を 2.5 cm にし，下より数を測定する．

⑥試験回数は 3 回とし（JIS では紡績糸 30 回，レーヨン，キュプラの片より糸 40 回，その他の片より糸は 10 回となっている），平均値を求める（小数点以下 1 けた）．

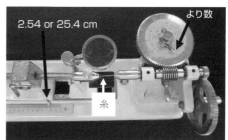

図 30　検ねん器

⑦一定長さ間（2.54 cm）あたり[*7] のより数を算出する．

【参考】検ねん器がない場合は，クリップを用いて測定してみよう．

①糸に測定する長さの印をつける（例えば 2.5 cm，5 cm，10 cm，25 cm）．

②印の部分を目玉クリップあるいはダブルクリップで挟む．

③片方のクリップを固定し，もう一方のクリップをよりの解ける方向に回転させ，糸あるいは繊維が平行になるまで解ねんし，その回数を数える．

【結果】よりに関して得られた結果は，JIS で定められた方法で表示する．

①より数が 18 の Z よりの単糸：Z18/2.54 cm

②Z18 の単糸 2 本以上引きそろえ，上より数を 12 とした S よりの糸：Z18/S12/2.54 cm（下より方向下より数/上より方向上より数）

【考察】

①紡績糸とフィラメント糸のそれぞれの特徴についてまとめる．

②単糸は 2.54 cm，諸より糸や片より糸は 25.4 cm のつかみ間隔でより数を測定するが，それはなぜか．その理由を考えてみよう．

③上よりと下よりの関係について考察する．

[*5] 片より糸は，フィラメント糸を 1 本あるいは数本引きそろえてよりをかけたもの（JIS L 0205）．

[*6] JIS（L 1095，L 1013）では，それぞれの種類の糸に対し所定の初荷重を加えることになっているが，ここでは省略する．

[*7] JIS L 1013 では，フィラメント糸はつかみ間隔 50 cm で測定し，1 m あたりのより数を求めるよう規定されている．

26   I   基礎編／2. 糸に関する実験

2.2 糸の太さの表し方（番手）

【目的】糸は繊維から構成され，よりの強弱で直径などの見かけの太さが変化し，また太さも均一ではない．そのため糸の太さは，糸の重量と長さの関係から表す方法が使われている．このような表示方法で表す糸の太さを，番手と呼ぶ[*1].

[*1] 繊維の太さの場合は繊度という．

番手には一定の重量の糸の持つ長さで表す恒重式と，一定の長さの糸の重量で表す恒長式がある．恒重式は紡績糸に用いられ，綿番手，メートル番手，麻番手などがある．恒長式にはデニール（D），テックス（tex），デシテックス（dtex）[*2]があり，糸だけでなく繊維の繊度としても用いられる．

[*2] テックス（tex）はISO が定めた表示方法で，JIS 化されている．しかし，実用的にはテックスよりもデニール（D）表示の数値に近いデシテックス表示が用いられている．

【試料】織物やニット布より採取した織・編糸，手縫い糸，ミシン糸など

【器具】電子天秤，定規など

【方法】ここでは，織物から採取した織糸の太さ測定方法について説明する．

試料を 20 cm×20 cm に 3 枚切り出し，1 枚につき，たて糸，よこ糸それぞれ 25 本の糸をほどいて，その質量を測定する．

【結果】前項の実験で，測定対象の糸が紡績糸かフィラメント糸なのかは判明しているので，どの番手で表示するのが適切かを判断して次式により番手を計算する．なお，各番手の基準質量と基準長さは表 10 のとおりである．

$$恒重式番手 = \frac{W}{L} \times \frac{l}{w}$$

$$恒長式番手 = \frac{L}{W} \times \frac{w}{l}$$

ここで，W は基準質量（g），L は基準長さ（m），w は試料の質量（g），l は試料の長さ（m）である．今回の実験では 20 cm の糸が 25 本あるので，l には 5 m を代入すればよい（織縮みは無視する）．

番手を測定した糸は，単糸あるいは諸より糸かを区別し，表 11 に示す方

表 10 各番手の基準質量・基準長さ

番手の種類		基準長さ (m)	基準質量 (g)	番手定数	対象
恒長式	テックス	1000	1	1000	すべての糸，繊維
	デニール	9000	1	9000	フィラメント糸，繊維
恒重式	綿番手	768.1 (840 ヤード)	453.6 (1 ポンド)	0.591	綿糸，化繊紡績糸，絹紡糸
	メートル番手	1000	1000	1.0	毛糸
	麻番手	274.3 (300 ヤード)	453.6 (1 ポンド)	1.564	麻糸

法で糸の太さを表示する．

表11の綿番手「20/2^S」の意味は，20番手の単糸2本からなる双糸であり，糸全体としては10番手となる．もし20番手の単糸3本からなる諸より糸であれば，20/3^{S}と表示する．この場合，糸の太さは6.7番手である．

恒長式番手については，20 tex

表11 糸の太さの表示方法

	綿番手	メートル番手	テックス デニール
20番手単糸	20^S	1/20	20 tex 20 D
20番手双糸	20/2^S	2/20	20 tex×2 20 D×2
20番手2本引きそろえ糸	20//2	2//20	20 tex//2 20 D//2

あるいは20 Dの単糸2本からなる双糸は20 D×2となり，糸としては40 tex，40 Dになる．

【考察】

①糸の太さを直径ではなく番手で示すが，それはなぜか．

②恒長式と恒重式では，太い糸と細い糸の番手の数値はどう変わるだろうか．

③縫い糸の太さは＃60のように"呼び"で表示されている．市販のミシン糸や手縫い糸（図31）では，どのように表示されているか実際に調べてみよう．

【参考】織縮み率について（p.34参照）

20 cmの長さの織物から取り出した糸は，織縮みがあるため実際には20 cmよりも長い．織縮みの測定は，取り出した糸の3〜5本について，縮みを手で引っ張り糸がまっすぐになるまで伸ばしたときの長さL'（cm）を測定し，平均値を算出する[*3]．次式により織縮み率P（%）を算出する．

$$P = \frac{L'-20}{20} \times 100$$

本来は，この織縮み率を試料長さに反映させて番手を算出する．

[松梨久仁子]

[*3] JIS L 1095に初荷重が定められている．

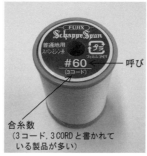

図31 手縫い糸（左）と家庭用ミシン糸（右）

3. 布に関する実験

3.1 布の構成要素に関する実験

布には織物，編物などがあり，各々異なる性能を示す．それぞれの性能は，構成要素と密接に結びついている．どのような構成要素が，織物や編物の特徴に関わっているかを理解する必要がある．

織物，編物の構成要素としては，組織，目付，厚さ，密度，縮み，カバーファクターなどがある．

織物の組織

【目的】織物の基本組織（三原組織）を知り，その構造を調べる．
【試料】平織物（ブロードなど），斜文織物（ソフトデニムなど），朱子織物（サテンなど）を用いる．
【方法】試料から適切な大きさの試験片を採取し，試験片からたて糸，よこ糸をほぐしながら分解鏡を用いて観察する．

分解鏡（図32）を用いて組織図を作成する．完全組織を記入する．
【結果】織物の組織図を表12のようにまとめる．
【考察】
　①織物の組織点（糸の交錯部分）の数と風合いの関係，光沢の関係を考える．
　②織物の完全組織と綜絖の枚数の関係を考える．
　③織物の組織と通気性，含気性の関係を考える．
【解説】織物は，たて糸，よこ糸が直角に配列し，それぞれの交点において上下に交錯させることによって作られる．

織物組織のたて糸とよこ糸の交錯の仕方を織物組織という．織物組織を表したものを組織図[*1]という．組織図において基本となる単位を完全組織という．

織物には基本となる3つの組織（三原組織）があり，平織，斜文織（綾織），朱子織がある（図33，表13）．その他，変化織，二重織，添毛織，絡み織，紋織などがある．

①平織（plain weave，図34）：三原組織の中でも最も簡単な組織で，たて糸とよこ糸が1本おきに互いに交錯し，表裏とも同じ外観を示す．

図32　分解鏡写真

[*1] 組織図の表し方
　たて糸がよこ糸の上に浮くように交錯するとき：■（黒），たて糸がよこ糸の下に沈むように交錯するとき：□（白）．ただし，たて朱子の場合，たて糸がよこ糸の上になることが多いため組織点をマークする手間の関係で■と□を反対に描くことがある．この場合，たて糸が□（白），よこ糸が■（黒）となる．

表12　組織図の表し方

平織　　　　　　　斜文織　　　　　　朱子織

図33　織物の三原組織

糸の浮きが最小で組織点が均等に分布しているため地合がしまり，丈夫で実用的な織物である．

②斜文織（綾織）（twill weave，図35）：斜文織は，たて糸，よこ糸の交錯の仕方を規則的に変化させることにより，布面に斜めの畝（斜文線，綾線）を作り出した織物である．

斜文織の表示は，分数のような形で表す（例：$\frac{1}{2}\nearrow$）．

完全組織中で，最下端（1'）のたて糸が上になっている組織点の数を分子の位置に，よこ糸が上になっている数を分母の位置に表す．斜文線の方向を右側に矢印で表す．完全組織内の糸の本数によって3枚斜文，4枚斜文がある．

斜文織は平織に比べ光沢に富み，柔らかい．

表13　主な三原組織織物の名前

	平織	斜文織	朱子織
綿	ブロード ギンガム 金巾	デニム 綿ギャバジン ドイル	綿サテン
毛	モスリン ポーラ トロピカル	サージ ギャバジン	ドスキン
絹	タフタ 羽二重 デシン	綾羽二重	サテン

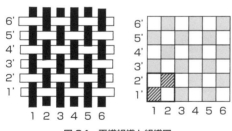

図34　平織組織と組織図

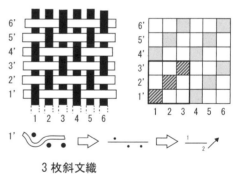

3枚斜文織

図35　斜文織と組織図

③朱子織（satin weave，図36）：朱子織は，たて糸，よこ糸各々5本以上で完全組織が作られ，交錯点は一定間隔で隣り合わないようになっている．

たて糸またはよこ糸が布面に多く現れた組織である．たて糸が長く布表面に浮いたものをたて朱子，よこ糸が長く布表面に浮いたものをよこ朱子という．

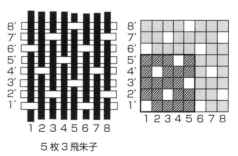

5枚3飛朱子

図36　朱子組織と組織図

朱子織組織において，組織点から隣り合うたて糸の組織点までのよこ糸の本数を飛び数という．

朱子織は浮き糸の方向にすべりがよく光沢がある．糸の屈曲が少ないため堅牢でなく，特に浮き糸に対して直角方向に対する摩擦には弱い．地合は，柔らかく，組織点は平面に平均に散らばっているので布面に畝は現れない．

織物の見分け方

●織物の表・裏の見分け方
織物の表の特徴には，一般に次のような特徴がある．

- 光沢があり，仕上げが美しい．
- 色，柄，縞，模様などがはっきりしている．
- 耳のネームが読み取れる．
- 毛羽が少ない．
- 起毛織物は，毛羽が揃っている．
- 斜文織では，綾線が右上がり（右綾）方向になる．（綿織物は，綾線が左綾となる場合もある．）
- 糸の結び目がない．

●織物のたて・よこ方向の見分け方
織物のたて方向には，一般に次のような特徴がある．

- 織物に耳があれば，耳がある方向がたて．
- 糸目がまっすぐに通っている方向がたて．
- 糸密度が大きい方がたて．
- 伸びが少ない方がたて．
- プリント模様では上下方向になる方がたて．
- 縞のある織物は，縞のある方向がたて．
- 格子柄では，格子の長い方がたて．
- 糊付けしてある糸と糊付けしていない糸の判別ができる場合は，糊の付いている方がたて．
- パイルや起毛織物は，毛並みがたて方向に寝ている．
- 飾り糸などを使用していない方がたて．
- 織物に節糸などの糸むらがある場合は，それがない方がたて．

編物の組織

【目的】編物の基本組織を知り，その構造を調べる．

【試料】編物にはたて編とよこ編がある．ここでは，主によこ編の基本組織である平編，パール編（ガーター編），ゴム編を用いる．

【方法】試料から適切な大きさの試験片を採取し，分解鏡を用いてループをほどきながら観察し，組織図を作成する．

よこ編は，表目と裏目の組合せから成り立っている．組織図[*1]は，表目と裏目の編目記号で示す（図37）．

【考察】
①編物の組織と伸び縮みの関係を考える．
②表目と裏目も組合せによる編地の厚さの関係を考える．
③編物の組織と通気性，含気性，保温性の関係を考える．

[*1] **組織図の表し方**
下図のように表目には□を，裏目には⊟を入れて表す．

図37 表目と裏目

④よこ編とたて編の組織の違いを理解する．

【結果】編物の組織を観察し，ループのスケッチ，編目記号，度目（p.33「密度」参照）を調べ表14のようにまとめる．

表14 編物の組織のまとめ方

	編物名（組織名）	編目記号	度目	編地の特徴
1				
2				

【解説】①平編（plain stitch）：平編は最も簡単な組織で，天竺編，メリヤス編とも呼ばれる．編地の表裏が明らかに区別できる．編地は薄く，通気性が大きい．たて方向・よこ方向ともによく伸びる（図38）．

②パール編（pearl stitch）：パール編は，ガーター編とも呼ばれる．平編の表目と裏目が1段ごとに入れ変わって現れる．裏目の部分がはっきり現れるので，よこ筋が強く見える．表も裏も同じ組織となる．弾力性があり厚地となる（図39）．

③ゴム編（rib stitch）：ゴム編は，あぜ編やリブ編ともいわれ，2列の針を使って各たて列ごとにループを表，裏交互に反対側に引き出して編目が作られる．つまり平編の表目と裏目がたて列ごとに入れ変わって現れる（一目ゴム編）．編地は表，裏の区別がなく，よこ方向への伸縮性が大きい（図40）．

[平井郁子]

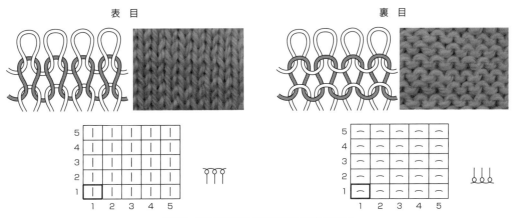

図38 平編の組織と編目記号および編成記号

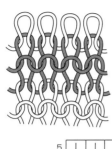

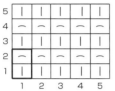

図39 パール編の組織と編目記号および編成記号　　図40 ゴム編の構造と編目記号および編成記号

たて編

たて編組織は，開き目，閉じ目とで構成される（図41）．

●シングルデンビー編み（トリコット編）

たて編の基本となる組織である．1本のたて糸が1つのループを形成し，それが1本ごとに隣の針に供糸して編目をつくり，編み立てられるものである．

その他，主なたて編にはシングルコード編，シングルバンダイク編がある．

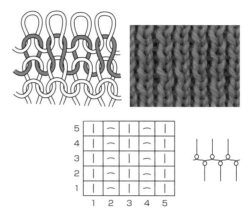
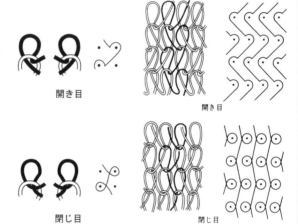

図41 たて編組織

単位面積あたりの質量（目付）

【目的】織物の構成要素である単位面積あたりの質量（目付）を測定することで，織物の構成要素と目付の関係を知る．

【試料】各種織物，編物

【方法】試料（10 cm×10 cm）を3枚採取し，それぞれ標準状態の質量 w（g）を電子天秤で量り，次の式により $1\,\mathrm{m}^2$ あたりの質量（$\mathrm{g/m}^2$）を求め，その平均値を小数点以下第1位まで求める．

$S_m = w \times 100$

S_m：目付（$\mathrm{g/m}^2$），w：試料（10 cm×10 cm）の質量（g）

【結果】各種試料の測定結果を表15にまとめる．

表15　布の構成要素実験結果表

	目付（g/m²）	厚さ（mm）	密度（本/inch）	縮み率（％）
ギンガム				
デニム				
⋮				

＊試料の織物，編物のサンプルを貼るなどして工夫して使用する．
　編物の場合は，密度（本/inch）をゲージあるいは度目に変えて用いる．

【考察】目付と織物の構成要素との関係を考える．織物の構成要素が同じでも繊維素材の違いの関係も見る．

図42　シックネスゲージ
外側の円の一番小さな目盛は 0.01 mm を示し，内側（下）の小さな円のメモリは 1.00 mm を示す．この写真の布の厚さは 1.15 mm となる．

厚　さ

【目的】織物，編物の厚さを測定することで，織物，編物の構成要素と厚さの関係を知る．

【試料】各種織物，編物

【方法】試料の異なる5カ所について厚さ測定器（シックネスゲージ，図42）を用いて測定する．厚さ測定器に試料をはさみ，一定圧力下[*1]で，厚さが落ち着くまでの時間（約10秒間）後に厚さ（mm）を測り，その平均値を小数点第2位まで求める．

【結果】各種試料の測定結果を表15にまとめる．

【考察】厚さと織物，編物の構成要素との関係を考える．

密　度

【目的】織物，編物の密度は布地の風合いに影響を及ぼす重要な因子で，同一組織でも密度が異なると通気性，保温性，透湿性をはじめ，強度，柔軟性，外観などにも影響を与える．各種織物の密度を測定し，織物に及ぼす

[*1] 一般織物は 23.5 kPa，毛羽のある織物は 0.7 kPa．一般編物は 0.7 kPa，毛羽のある編物は 0.3 kPa．
　1 kPa は 10 g の力が 1 cm² にかかった圧力をいう．

性能を知る．

【試料】各種織物，編物

【方法】

①織物の場合：織の密度は単位長さ（1 inch＝2.54 cm）あたりのたて糸の本数とよこ糸の本数で表す．分解鏡を用いて，たて糸とよこ糸の 1 inch 間の本数を数える．それぞれの平均値を算出し，整数値を求める．

　　表示例：たて糸本数 51 本→たて糸の密度は　51 本/inch
　　　　　　よこ糸本数 46 本→よこ糸の密度は　46 本/inch
　　　　　　織の密度は〔51 本/inch×46 本/inch〕

と表す．

織密度は，デンシメーター（ルノメーター，図 43）を用いて測定することもできる．

②編物の場合：編物の密度は，ゲージ（gauge）や度目で表す．ゲージは，単位長あたりの目数で示す．ゲージは，編目の粗密を表す．度目は，編地の密度を表す．度目は編地 1 inch あたりのウェール数（目数）とコース数（段数）の和で表す（図 44）．

　　度目＝ウェール数＋コース数

③手編みのセーターを編むとき：編地 10 cm×10 cm のウェール数とコース数から，セーターの寸法に必要な目数，段数を割りだす．

【結果】各種試料の織密度，ゲージ，あるいは度目の測定結果を表 15 にまとめる．

【考察】織物，編物の密度が異なることにより外観，風合い，通気性，含気率などの性能がどう変化するかを考える．

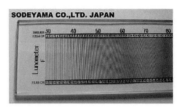

図 43　デンシメーター

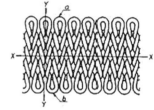

図 44　平編み（表）（JIS L 0220, 付図 2 より）
X-X：コース，Y-Y：ウェール．

縮み率

織物の中の織糸の縮みが，織縮みである．織縮みは，織物に対して織糸がどのくらい縮んでいたかを百分率で表したものを織縮み率という．

【目的】各種織物の織縮み率を測定し，織物の構成要素によってどのような違いがあるかを知る．

【試料】各種織物

【方法】JIS L 1096-2010 B 法

織物のたて方向，よこ方向，それぞれ 200 mm の間隔で印を付ける．糸をほどいて，たて糸，よこ糸，それぞれ 5 本について印から印の長さ（mm）に初荷重をかけた重さでまっすぐにと張り長さを測定する．

縮み率は，次の式により算出する．たて糸，よこ糸，それぞれ平均値を小数第 1 位まで求める．

$$縮み率（\%）＝\frac{L-200}{200}\times100$$

L：まっすぐに張ったときの長さ（mm）

注：初荷重は，織糸を伸長せずにまっすぐに張る程度の荷重をいう．

紡績糸：糸の長さ250m に相当する荷重

【結果】各種試料の織縮み率を測定し，算出した結果を表15 にまとめる．

【考察】織物は，一般的によこ糸の方が，たて糸よりも織縮み率が大きい．その理由を織物構造から考える．

各種織物の組織構造（組織点の数）から織縮み率を考える．

カバーファクター

【目的】織物，編物の面積に対する，糸の占める割合をカバーファクター（cover factor）という．カバーファクターが大きければ，織物および編物の隙間が小さく，カバーファクターが小さければ隙間が大きいことを表す．カバーファクターは，通気性，保温性，外観などに関係する数値である．

いろいろな織物および編物のカバーファクターを求め，織物および編物の特性を数値から理解する．

1）織物のカバーファクター

【試料】平織物（ブロード），斜文織物（ソフトデニム），朱子織物（サテン）など

【方法】試料から適切な大きさの試験片を採取し，試験片からたて糸，よこ糸をほぐし，糸の番手（恒重式）およびデニール（恒長式）を求める．次に糸密度を求める．

カバーファクターは，次式により求められる．

$$F_c = F_w + F_f - k \cdot F_w \cdot F_f \cdots\cdots\cdots\cdots\cdots\cdots\cdots\cdots\cdots\cdots\cdots\cdots(1)$$

F_c：織物のカバーファクター

F_w：たて糸のカバーファクター

F_f：よこ糸のカバーファクター

k：糸の番手方式によって決まる定数（英式綿番手の場合は $k=1/28$）

$k \cdot F_w \cdot F_f$：たて糸とよこ糸の重複部分を示す

F_c と $(F_w + F_f)$ は，高い相関があるため，実用的には次式を用いる．

$$F_c = F_w + F_f \cdots\cdots\cdots\cdots\cdots\cdots\cdots\cdots\cdots\cdots\cdots\cdots\cdots\cdots\cdots\cdots\cdots(2)$$

F_w，F_f は，たて糸またはよこ糸密度を n（本 /inch），恒重式番手を N，恒長式番手を D としたとき，次の式で表すことができる．

$$F_w または F_f = \frac{n}{\sqrt{N}} \cdots\cdots\cdots\cdots\cdots\cdots\cdots\cdots\cdots\cdots\cdots\cdots\cdots(3)$$

$$F_w または F_f = n \cdot \sqrt{D} \cdots\cdots\cdots\cdots\cdots\cdots\cdots\cdots\cdots\cdots\cdots\cdots\cdots(4)$$

【結果】たて糸のカバーファクター，よこ糸のカバーファクターから織物の

カバーファクターを求め，表16にまとめる．

【考察】 目付，厚さ，密度，糸の縮み率，糸の太さなどの織物の構成要素とカバーファクターの関係を考える．また，織物の組織との関係も含めて考える．

表16　カバーファクター

試料	密度（本/in）	恒重式番手 N	F_w	F_f	F_c
綿平織	たて71本 よこ58本	たて21.6 よこ18.6	15.4	13.5	28.9
綿斜文織	たて66本 よこ48本	たて20.4 よこ　7.9	14.7	17.1	31.8

この表の試料の例では，綿平織より綿斜文織の方が被覆性が大きいということがわかる．これは，よこ糸が太いことが影響していると考えられる．

2）編物のカバーファクター

【方法】 カバーファクターは，糸の占める割合を示す．

図45のように，1ループの占める面積の中で糸の占める面積（黒の部分）の割合をカバーファクターという．通常，編物のカバーファクター F_c は次の式で表される．小数点第1位まで求める．

$$F_\mathrm{c} = \frac{1}{l \times \sqrt{N}} \quad \text{または} \quad F_\mathrm{c} = \frac{\sqrt{D}}{l}$$

図45　カバーファクター

N：恒重式番手，D：恒長式番手，l は1ループの糸長（mm）．ただし，$l = L/n$，L：ほぐした糸の長さ（mm），n：ほぐした編目数．

【結果】 表17に番手，ループ長，ほぐした糸の長さ，ほぐした編目数を書き込み，カバーファクターを計算で求める．小数点第1位まで求める．

表17　編物のカバーファクター

	番手 N, D	L（mm）	n	l（mm）	F_c
ニット1					
ニット2					

【考察】 糸の太さ，ゲージ，度目などの関係からカバーファクターを考える．繊維素材の違いからもカバーファクターを考える．

見かけの比重，充填率，含気率

織物には，織物を構成する繊維の他に，繊維と繊維の隙間に多くの空気が存在する．織物の一定の体積中に含まれる繊維の割合を充填率といい，織物の一定の体積中に含まれる空気の体積の割合を含気率という．

【目的】 各種の織物試料の見かけ比重，充填率，含気率を求める．

【試料】 織物・編物（綿，毛，ポリエステル，ナイロン，アクリルなど），繊維素材，織組織，厚さなどの異なる各種の布地を用いる．

【器具】 シックネスゲージ，電子天秤，定規，ハサミ

【方法】

①単位面積あたりの織物の質量（g/m²）を求める．平均値（小数点以下1桁まで）を求め，計算により（g/m²）算出する．

このとき試料は標準状態（20±2℃，65±4% RH）における質量を測定する．

② 厚さを測定し，見かけの比重を求める．

$$見かけの比重^{*1}\,(g/cm^3) = \frac{標準状態の織物質量\,(g/m^2)}{1000 \times 厚さ\,(mm)}$$

③ 繊維の比重（表18）を用いて充填率を求める．

$$充填率\,(\%) = \frac{見かけの比重}{繊維の比重} \times 100$$

④ 含気率を求める．

$$含気率\,(\%) = 100 - 充填率$$

【結果】測定結果および見かけの比重，充填率，含気率などの算出結果を下記の表19のようにまとめる．

*1 見かけの比重：布地には繊維や糸の間に多くの隙間が存在している．つまり繊維と空気で構成されている．このように空気を考慮に入れた場合の繊維の比重を見かけの比重という．表18の繊維の比重より小さくなる．

表18　繊維の比重（JIS L 1096 より抜粋）

綿	1.58	羊毛	1.32	ナイロン	1.14
麻	1.50	レーヨン	1.50	ポリエステル	1.38
絹	1.33	アセテート	1.32	アクリル	1.17

混紡，交織の布地についての比重算出法はここでは省略．

表19　測定結果の表し方

	試料	面積 (cm²)	重さ (g)	単位面積あたりの織物の質量 (g/m²)	厚さ (mm)	見かけの比重 (g/cm³)	繊維の比重	充填率 (％)	含気率 (％)
1									
2									

【考察】
① 繊維組成の違いによる充填率，含気率をみる．
② 同じ繊維でも織組織，糸密度，厚さによる違いをみる．
③ 目付と充填率，含気率の関係をみる．　　　　　　　　　　　　　　　　［平井郁子］

織機・編機の原理

1）織機の原理（図46）

織物はたて糸とよこ糸を直角に交錯させて織る．まず，たて方向に揃えたたて糸を，あや棒で上下に分けて，それらをヘルド（綜絖）に通し，よこ糸を入れられる状態にして，その間にシャトル（杼）を投げ入れる．このとき杼の内部に装填されたよこ糸が打ち込まれる．そのよこ糸をリード（筬）が引き寄せる．これを繰り返すことで織物となる．

●整経：ボビンやチーズの糸

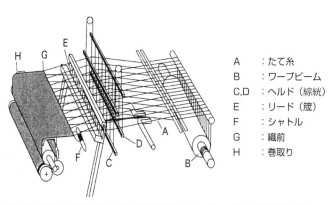

A　：たて糸
B　：ワープビーム
C,D：ヘルド（綜絖）
E　：リード（筬）
F　：シャトル
G　：織前
H　：巻取り

図46　織機の構造（東京都立産業技術研究センター：複合素材開発セクターご利用案内，p.144）

を，設計に基づき，たて糸として必要な本数，長さ，密度，幅で，ビームやドラムに巻き取る作業を整経といい，ワープビームに巻き返す作業をたて巻きという．
- のりつけ：糸の毛羽を伏せ表面を平滑にし，摩擦を少なくするなどのために，糊づけをする．
- 引き込み・機掛け：ワープビームに巻かれたたて糸を引き出して，綜絖，筬などへ通す工程を引き込みといい，織機に掛けて製織できるように準備する作業を機掛けという．
- 管巻き：よこ糸をシャトル内に納めやすい形に巻いたものをよこ管といい，よこ管を巻く工程を管巻きという．

2) 編機の原理

編機は，よこ編機種とたて編機種に分けられる．よこ編機種には，平形編機と円形編機がある．たて編機種のほとんどは，平形編機が用いられる．

ここでは，よこ編機種のベラ針の作用について述べる（図47）．

［平井郁子］

コンピュータ制御による横編機

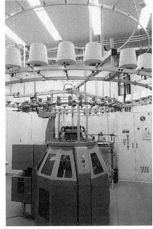
丸編機

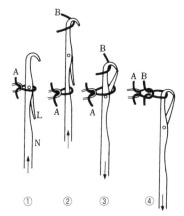

ベラ針の作用
① Aのループは，既にできているループである．針は上げカムの作用で針が上昇し始め，Lのベラが開いた状態を示す．
② 針が上昇し新しい糸Bの糸が供給され，Aのループがベラの下方に移った状態を示す．
③ 下げカムの作用で編み針が下降し，Aのループがベラを閉じたことを示す．
④ 編針が下降し，Aのループを脱出してBのループを作った状態を示す．
これを繰り返し，編地が完成される．

図47 平形編機（上）とベラ針の編成原理（下）（写真は東京都立産業技術研究センター：複合素材開発セクターご利用案内．p.24；図は日本繊維工業教育研究会：テキスタイル技術，p.175，実教出版）

布見本帳の作成

身近にある布地の見本帳の作成をする（図48）.

最近は，洋服などを作る機会が少なくなり，自宅にハギレがないこともある．そこで，洋服を購入したときに付いてくるハギレやボタンなどの付属品を利用して布の見本帳や，自分の持っている洋服のリストを作る（図49）. ［平井郁子］

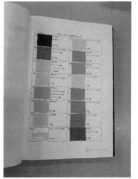

図48 布見本帳

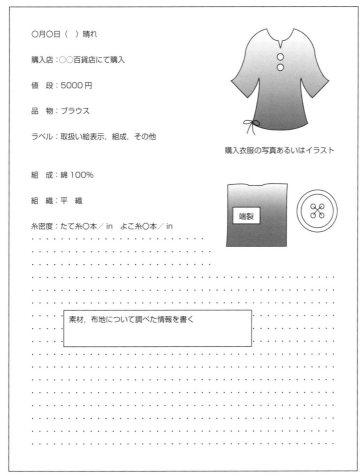

図49 衣服の見本帳

3.2 布の特性試験

引張強さと伸び

織物の強さを測定する方法の1つに，引張強さと伸びの試験がある．

織物に引っ張る力を加えると織物は伸長する．さらに力を加えると織物は切断する．伸長，切断は，繊維素材，織物構成により異なる．

織物の引張試験の方法には，A法（ストリップ法），B法（グラブ法），C法（湿潤時ストリップ法），D法（湿潤時グラブ法）がある．ここでは，A法のストリップ法について示す．

【目的】各種織物試料の性質を知るため，織物の切断時の引張強さと伸び率を測定する．

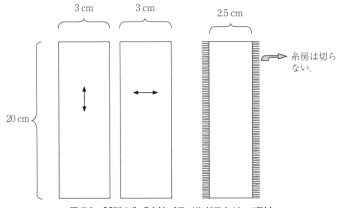

図50 試料の作成方法（ラベルドストリップ法）

【試料】各種織物（綿，毛，ポリエステル，ナイロン，アクリルなど）．試料は，たて方向，よこ方向のそれぞれ3枚ずつ約3 cm×20 cmの大きさのものを用意し，幅の両端から織糸を取り，2.5 cmの幅にする（ラベルドストリップ法，図50）．

【機器】ショッパー形引張試験機[*1]（図51）

【方法】つかみ間隔10 cm，引張速度15±1 cm/minまたは30 cm±2 cm/minで行う．試験片がつかみ付近で切断した場合は，試験をやり直す．

【結果】試験結果は，たて方向，よこ方向の強さNまたはkgfおよび伸び率（%）で示す．3回の試験結果の平均値（有効数字3桁まで）で示す．

【考察】織物の破断時の強さと伸び率は，繊維の種類，糸の構造，織組織などと関連させながら考察する．

1）A法（ストリップ法）

ラベルドストリップ法とカットストリップ法がある．ラベルドストリップ法は，一般の織物に適用する．試料から試験片を採取し，幅の両端から大体同数の糸を取り除いて所定の幅としたものを試験片とする．カットス

[*1] 引張試験機には，ショッパー形引張試験機（定速緊張型試験機）と，インストロン形引張試験機（定速伸長型試験機）がある．

トリップ法は，起毛織物，不織布など糸を分離できないものに適用する．幅の両端から糸を取り除かず所定の幅に切断して試料とする．

2）B法（グラブ法）

標準状態時の引張強さおよび伸び率の試験方法で，試料の大きさは，幅10 cm，長さ約15 cmとする（図52）．

3）C法（湿潤時ストリップ法）

湿潤状態時の引張強さおよび伸び率の試験方法とし，主に織物に適用する．

4）D法（湿潤時グラブ法）

湿潤状態時の引張強さおよび伸び率の試験方法とし，主に編物に適用する．
［平井郁子］

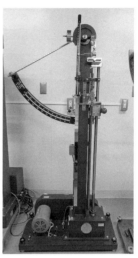
図51　ショッパー形引張試験機

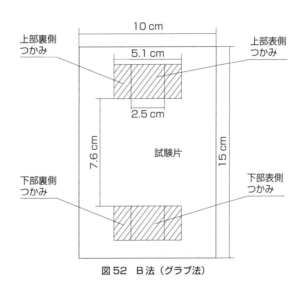
図52　B法（グラブ法）

引裂強さ

織物の強さを測定する方法の1つとして，引裂強さがある．引張強さが大きい試料が引裂強さも同様に大きいとは限らない．引裂強さは，糸に引き裂かれる力が集中するか，分散されるかに影響される．そのため織物の密度に関係する．ここでは，よく用いられるペンジュラム法とシングルタング法を記す．

1）ペンジュラム法（D法）

【目的】織物などの強さの測定方法の1つで，引裂強さを測定する．手で引っ張っても，容易に引き裂かれない布地でも，カギ裂きなどの切れ目が生

じ，瞬間的に強い力が一方向に加わったときの布地の引裂強さを知る．

【試料】各種織物 6.5 cm×10 cm たて・よこ方向 3 枚以上採取する．

【方法】

①振子を左方に振り上げ，振子の右端を始動板でとめる（図53）．

②指針を垂直に下ろし，指針制御板に接触させる．

③つかみ具に試料を取り付ける．

④ナイフレバーを押し下げ，試験片の下部を裂く．このとき，ナイフによって 2 cm の切れ目が入る．

⑤始動板を強く下方に押し，試験片を引き裂く．

⑥指針の示す目盛を読む．平均値を小数点第 1 位まで求める．

図53　引裂試験機

【結果】たて糸を切断する強さが，たて方向の引裂強さとなる．よこ糸を切断する力が，よこ方向の引裂強さとなる．

【考察】引裂強さと織物の厚さ，織組織，柔らかさ，引張強さ，伸びの関係について考察する．

2）シングルタング法

【目的】織物などの強さの測定方法の 1 つで，引裂強さを測定する．定速で引っ張ったときの切目の引き裂かれるときの状態も観察する．

【試料】各種織物 5 cm×25 cm たて・よこ方向 3 枚以上採取する．たて糸を切断する強さが，たて方向の引裂強さとなる．よこ糸を切断する力が，よこ方向の引裂強さとなる．

【方法】

①短辺 5 cm の中央にその辺と直角に 10 cm の切れ目を入れた後，幅 5 cm 以上のクランプを持つ引張試験機を用いて，試験片のつかみ間の距離を 10 cm とし，図54 のように各舌片を上下のクランプと直角に挟む．

②引張速度は，10 cm/min または 15 cm/min とし，たて方向，およびよこ方向に引き裂くときの最大荷重〔引裂強さ（N）〕を測る．

【結果】たて糸を切断する強さが，たて方向の引裂強さとなる．よこ糸を切断する力が，よこ方向の引裂強さとなる．

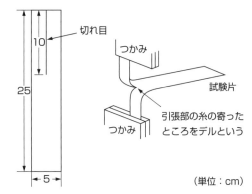

図54　シングルタング法（石川編，1991 より引用改変）

デルについての観察が重要になる．糸密度の高い織物は，デルが小さく，引裂強さは小さくなる．また，糸密度の低い織物は，デルが大きく，糸に引裂強さが分散し，引裂強さは大きくなる．

その他，引裂試験の方法には，ダブルタング B 法，トラペゾイド C 法がある．

【考察】引裂強さと引張強さ，伸び，織物組織などの関係を考察する．

破裂強さ

衣服を着用することにより引張，伸び，摩擦，圧縮，曲げなどの力が衣服全体にかかる．この繰り返しにより，衣服地は疲労する．破裂強さは，着用することにより衣服地にかかる総合的な力に対する織物の強さを測定するものである．破裂強さは，糸の強さ，糸密度，織組織などとも深くかかわっている．

1）ミューレン形破裂試験機（A 法）

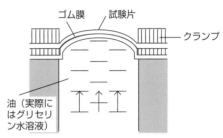

【目的】布の引張試験や引裂試験は，たて方向，よこ方向の強さをそれぞれに試験して比べてみるが，この破裂試験では，たて方向，よこ方向同時に力を加え，伸長し，破裂する様子を観察する（図55）．そのときのたて糸，よこ糸の強さの関係をみる．

【試料】各種織物・編物約 15 cm×約 15 cm 各 3 枚以上採取する．

【方法】

①試料を試料台に取り付ける．このとき，布の表を上にして，しわやたるみが生じないように均一な張力を加えてクランプで把持する．

②圧力を加えてゴム隔膜が試験片を突き破る強さを測る．

③クランプを外し，試料を除いたときの破断時のゴム隔膜だけの強さを測る．

④次の式で破裂強さを算出する．

破裂強さ＝$A-B$

A：ゴム膜が試験片を突き破る強さ

B：試験片が破裂するときのゴム膜の強さ

破裂強さの単位：kPa（kgf/cm^2）

図55　ミューレン形破裂試験機（上図は石川編，1991 より引用改変）

【結果】破裂強さの平均値を求め，小数点第 1 位で表す．

【考察】破裂強さと引裂強さ，引張強さ，伸び，摩耗強さ，織物組織との関係を考察する．

摩耗強さ

衣服の着用を重ねると，テカリや毛羽立ちが発生したり，擦り切れにより穴があいたりする．このような摩耗強さの試験には，主として織物や編物の衣類着用時のひじ，ひざ，わき，しりなどの摩耗強さを評価する平面摩耗法（A-1），ひざ，ひじなどの屈曲部の摩耗強さを評価する屈曲摩耗法

(A-2)，そで口，えり，ズボンの屈曲部の摩耗強さを評価する折目摩耗法(A-3)，さらに厚手の織物や編物などには，テーバ法（C法）などがある．

1）平面摩耗法（A-1法）

【目的】衣服のひじ，ひざ，わき，しりなどの平面摩耗強さを評価する．
【試料】各種織物・編物直径約12 cmの円を3枚以上採取する．
【機器】ユニバーサル形摩耗試験機（図56）
【方法】

①研磨紙（エメリーペーパー）は，JIS R 6253に規定する耐水研磨紙を使用する（Cw-C-P800：織物の試料の質量250 g/m^{2}以上400 g/m^{2}のものがよく使用される）．研磨紙を約3 cm×23 cmに切り，一端から約10 cmのところの中央に直径3.2 mmの穴を付属パンチであける．

②試料をゴム膜の上に載せ，クランプで固定し，バランスヘッドに取り付けた研磨紙で多方向に摩擦する．

③試験機の摩擦速度は，125回±5回／分，摩擦回数100回につき試験片が1回転するものとする．

④押圧荷重は，4.45 N（0.454 kgf），空気圧は27.6 kPa（0.281 kgf/cm^2）とする．

図56　ユニバーサル形摩耗試験機

⑤平面摩耗強さは，試験片が摩耗して試験機が自動停止するまでの摩擦回数（カウンターで読む）で表す．

【結果】摩擦回数の平均で表す．整数値で求める．
【考察】平面摩耗による強さと引張強さをはじめとする他の強さとの関係，織物組織や素材との関係を考察する．

2）テーバ形法（C法）

【目的】厚地の織物，編物，カーペットなどの耐摩耗性を測定する．摩耗強さは，質量の減少，厚さの減少，引張強さの減少，外観変化により評価する．
【試料】各種織物
【機器】テーバ形摩耗試験機（図57）
【方法】

①直径約130 mmの円形試験片を5枚採取し，各試験片の中心に直径約6 mmの孔をあける．

②テーバ形摩耗試験機を用いて，試験片の表面を上にして試料ホルダのゴムマット上に取り付ける．

③試料に適する摩耗輪を試験片の上に載せ，約70回／分で回転摩耗する．

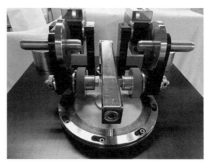

図57　テーバ形摩耗試験機

④摩擦回数は，50回，100回，300回，500回など，試料に適した所定回数を用いる．

【結果】

①質量の減量は，所定回数摩擦した後の質量（mg）を量り，次の式により，減量を求め，3回の平均値を算出し，整数位に丸める．

$$W_L = W - W'$$

W_L：質量の減量（mg），

W：摩擦前の質量（mg），

W'：所定回数摩擦後の質量（mg）

②厚さ減少率は，所定回数摩擦した後の厚さ（mm）を測り，その減少率（%）を次の式で求める．3回の平均を算出し，小数点第1位に丸める．

$$T_L = \frac{T_c \times T_a}{T_c} \times 100$$

T_L：厚さ減少率，T_c：摩擦前の厚さ（mm），

T_a：所定回数摩擦後の厚さ（mm）

③引張強さ低下率は，所定回数摩擦した織物のときに試験する．試料の大きさは，p.40「引張強さと伸び」を参照する．試験結果から次の式にて引張強さの低下率（%）を求め，3回の平均を算出し，小数点第1位に丸める．

$$S_L = \frac{S_a - S}{S} \times 100$$

S_L：引張強さ低下率（%），S_a：原布の引張強さ（N），

S：所定回数摩擦した後の引張強さ（N）

④外観変化の判定は，所定回数摩擦した後の外観を観察して判定する．

A級：異常なし，B級：やや損傷している，

C級：たてまたはよこが切断している．

【考察】テーパ形摩耗試験による強さと，織物組織，素材との関係を考察する． ［平井郁子］

表20 テーパ形摩耗試験機の実験条件

生地の種類	質量（g/m²）	摩耗輪（No）	荷重（N）
織物	180 以下	CS-10	2.45
	180 ～ 500 以下	CS-10	4.90
	500 ～	CS-17	9.81
編物	—	CS-10	2.45

剛 軟 性

織物や編物の外観特性試験として，剛軟性試験，防しわ性試験を行う．

【目的】剛軟性は，例えばスカートやカーテンのフレアーなどの形を作る性能（賦形性）と密接な関連を持っている．また手触りや衣服の着心地など，使用上大切な要因と深く関わっている．布地の剛軟性試験には多くの方法があり，試験から得られる剛軟性は，いずれの場合にも曲げに対する剛さを何らかの方法で数値化したものである．ここでは，45°カンチレバー法，スライド法，ハートループ法，3次元的に試験片を垂下させ，ドレープ係数によって求めるドレープ法について示す．

【試料】各種織物，編物（硬めなものと軟らかめなもの），「布の構成要素に関する実験」に用いたサンプルがよい．

【器具】45°カンチレバー形試験機，スライド形試験機，ハートループ法試験機，ドレープ法試験機

1) 45°カンチレバー法

【実験方法】

①試料より幅2 cm×長さ15 cmの試験片を，たて方向，よこ方向*それぞれ5枚採取する．

*織物のたて・よこ（またはウェール方向・コース方向）はp.2参照．

②図58のように一端が45°の斜面を持つ表面の滑らかな水平台の上に，試験片の短辺をスケール基線に合わせて置く．

③水平台上で試験片が浮き上がらないようにウェイトを置き，斜面の方向へ緩やかに滑らせ，突き出た試験片の先端の中央点が45°の斜面に接したときのスケール目盛（mm）を読む．試験片の突き出した長さ（移動した長さ）L（mm）を剛軟度とする．剛軟度Lが小さい方が軟らかい．

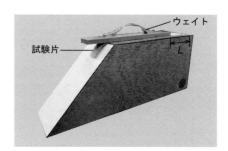

図58　45°カンチレバー形試験機

④それぞれの試験片について表裏を測定し，平均値を求め整数位で示す．

【結果】測定値を表21のようにまとめる．

表21　45°カンチレバー法およびハートループ法の試験結果

No.	試料名	試料	組成(%)	方向	剛軟度（mm）					
					1	2	3	4	5	平均
				たて						
				よこ						

試料添付

2) スライド法

【方法】

①標準状態（20±2℃，65±4% RH）で，単位面積あたりの重力（mN/cm²）を求める．

②試料より，幅2cm×長さ15cmの試験片を，たて方向，よこ方向*それぞれ5枚採取する．

③図59に示す試験機を用い，まず，試験機本体と移動台の上面を一致させ，試験片を長さL（ここでは5cmとし，測定条件として付記する．）だけ突き出し，ウェイトを試験片上に置くが，このとき試験機本体と移動台の境界よりわずかに移動台側に出るようにする．

④静かにハンドルを回して移動台を降下させ，試験片の自由端が移動台から離れるときの上面からの距離δを付属の目盛で読みとる．

⑤それぞれの試験片について表裏を測定し，平均値を算出し，次式より剛軟度（mN·cm）を求める（少数点以下1桁まで）．

$$B_\mathrm{r} = \frac{WL^4}{8\delta}$$

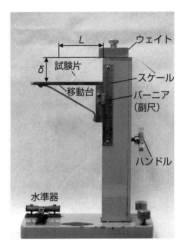

図59 スライド形試験機

B_r：剛軟度（mN·cm），W：試験片の単位面積あたり重力（mN/cm²），L：試験片の長さ（cm），δ：スケールの読み（cm）．

【結果】測定値を表22のようにまとめる．

表22 スライド法の試験結果

No.	試料名	試料	組成(%)	方向	W (mN/cm²)	δ (cm) L 5 cm　L 5 cm	剛軟度（mN·cm）L 5 cm
				たて			
				よこ			

試料添付

3) ハートループ法

【方法】

①試料より，幅2cm×長さ25cmの試験片を，たて方向，よこ方向*それぞれ5枚ずつ採取する．

②試験片の一端から約2.5cmのところに線を1本入れ，正確に20cmを測り，もう1本線を入れる．図60に示すように，水平棒のつかみに試験片をハートループ状に取り付けるが，このとき試験片の有効長が20cmとな

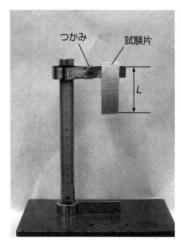

図60　ハートループ法試験機

るようにする．

③1分経過後，水平棒の頂部とループ最下点との垂直距離 L（mm）を測定する．この L を剛軟度とし，小さい方が硬いことを示す．それぞれ表裏を測定し，平均値を求め整数位で示す．

【結果】測定結果および平均値を，表21にまとめる（「45°カンチレバー法」結果参照）．

4）ドレープ法

【方法】

①試料は，直径 254 mm（10 inch）の円形状に3枚採取する．

②直径 127 mm（5 inch）の試料台上に試料の中心を一致させて置き，試料台と同寸法のおもりを乗せる（図61，図62）．

③試料台を3回上下振動させた後1分間放置して，そのときのドレープ形状面積を試料の表裏について測定する．

④次式よりドレープ係数を求めて，表裏の平均値を算出する（少数点以下3桁まで）．

$$D_\mathrm{f} = \frac{A_\mathrm{d} - S_1}{S_2 - S_1}$$

　D_f：ドレープ係数，
　A_d：試料の垂直投影面積（ドレープ形状面積，mm^2），
　S_1：試料台の面積（mm^2），S_2：試料の面積（mm^2）．

⑤ノード数[*1]を求める．

【結果】測定値を表23のようにまとめる．

【考察】

剛軟性の測定方法（45°カンチレバー法，スライド法，ハートループ法）およびドレープ法で結果を比較し，相互の関係性について考察する．

[*1] ノード数
試料が垂下したときに輪郭に凹凸が現れるが，このヒダをいい，試料全体に現れたノードの数をノード数という．

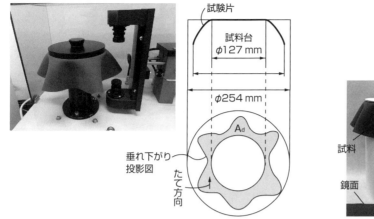
図61 ドレープ法試験機（ドレープテスタ）

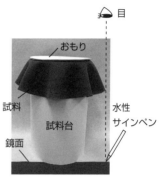
図62 ドレープ法簡易法

表23 ドレープ法の試験結果

No.	試料名	試料	組成(%)	組織	糸密度(本/cm)	厚さ(mm)	平面重(g/m²)	ドレープ係数	ノード数	垂れ下がり投影図

試料を添付

試験片の垂直投影面積 A_d (mm²)		試料台の面積 S_1 (mm²)		試料の面積 S_2 (mm²)	

①ドレープ係数，ノード数，垂れ下がり投影図から，その垂れ下がりの形がどのようであるか，その形が美しいか，方向性があるのかなどを視覚により判定する．

②布地の剛軟性や方向性，布地構造との関連性をみる． ［矢中睦美］

防しわ性

【目的】布地に不規則な折り曲げが残ったものがしわである．しわができにくい性質，しわが付いてもそのしわが回復して残らない性質を防しわ性という．外観上，しわはできない方がよい．ここでは，外力によるしわの付きにくさを，繊維の種類，布地の構成の違いから評価する．

1）針金法

特別な実験装置を必要としない簡便な方法である．

【試料】各種織物，編物（材質，構造，厚さなどが異なる各種布地）

試験片（図63）は40 mm×10 mm切り出す．たて方向（ウェール），よこ方向（コース）各10枚（表面用5枚，裏面用5枚）．

【器具】針金（線径：0.50 mm），分度器，スライドグラス2枚，ピンセット，おもり4.9 N（500 g），ストップウォッチ

【方法】図64に測定の手順を示す．

①試験片を20 mm×10 mmの大きさになるように両端を合わせ2つ折りにし（表が外側になるように合わせる試験片と裏が外側になるように合わせる試験片），スライドグラスの上に置く．

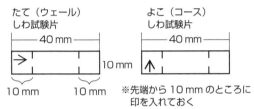

図63 針金法の試験片

②もう1枚のスライドグラスで試験片を挟み，その上から4.9 Nのおもりを置き5分間放置する．

③5分後，おもりとスライドグラスを除去し，試験片の折り目を素早く針金にかけ，5分間放置する．

④5分後，試験片のしわ回復角（α°）を分度器で測定する．針金の中心から試験片10 mmの印を結んだ角度を読み取る．

⑤次式によって防しわ率 R（％）を算出し，整数位で示す（表24）．

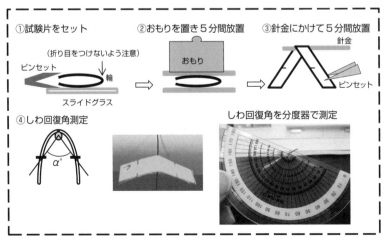

図64 針金法

$$R = \frac{\alpha}{180} \times 100$$

R：防しわ率（%），α：しわ回復角（°）．

R が大きいほど，しわはできにくい．

【結果】表 24 のような結果表に測定値を記入し，防しわ率を示す．

防しわ率で棒グラフを作成し，結果を比較するとよい．

表 24　防しわ性測定結果の表し方

試験布名	試験布	試験面	回数		たて	よこ
試験布の添付		表面	回復角（度）	1	130	
				2	126	
				3	132	
				4	135	
				5	128	
			平均		130	
			防しわ率（%）		72	
		裏面	回復角（度）	6		
				7		
				8		
				9		
				10		
			平均			
			防しわ率（%）			

【考察】試験布間と方向間（たて方向とよこ方向）で，防しわ率の大小を比較する．防しわ率 R が大きいほど，しわはできにくい．その結果に対する理由を考える．

2）モンサント法（4.9 N 荷重法）

【試料】各種織物，編物（材質，構造，厚さなどが異なる各種布地）

試験片 40 mm×15 mm を切り出す．たて方向，よこ方向各 10 枚（表面用 5 枚，裏面用 5 枚）．

【器具】モンサント形しわ回復角測定試験機（図 65），試験片ホルダ，プレスホルダ，おもり 4.9 N（500 g），ストップウォッチ

【方法】

①試験片を試験片ホルダの 18 mm の線まで挿入して取り付ける．5 枚は表を内側にして挿入し，5 枚は表を外側にして挿入する（図 66 ※1）．

②折り返した試験片端 15 mm 以内（図 66 ※2）を押さえ，プレスホルダの間に試験片ホルダを差し込む（試験片は折り返しから 15 mm まで挿入する）．

③4.9 N のおもりを加えて 5 分間放置する．

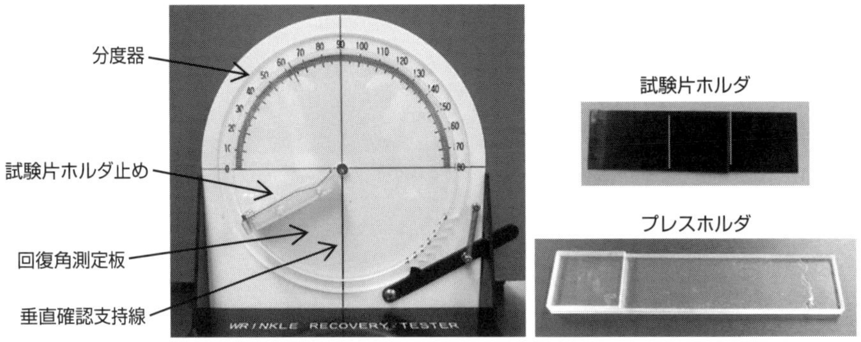

図65　モンサント形しわ回復角測定試験機

④5分後おもりを外し，素早くプレスホルダから試験片ホルダを抜き取る．

試験片ホルダ止めに試験片ホルダを裏返した状態で差し込み，試験片を垂れ下げる．

垂れ下がった試験片が，分度器の中心の延長線上になるよう回復角測定板を回し調整する（図67※3）．

試験片を垂れ下げた状態で5分間放置する（試験片が常時垂直状態を保つように，回復角測定板を回し位置調整を行う）．

⑤5分後，しわ回復角 α を読み取る（図67※4）．しわ回復角の平均値より，防しわ率 R（％）を次式より算出する．防しわ率は整数位で示す．

$$R = \frac{\alpha}{180} \times 100$$

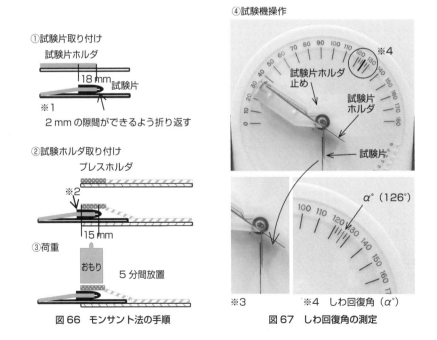

図66　モンサント法の手順　　図67　しわ回復角の測定

R：防しわ率（％），α：しわ回復角（°）．

Rが大きいほど，しわはできにくい．

【結果】表24のような結果表で測定値を記入し，防しわ率を示す．

防しわ率で棒グラフを作成し，結果を比較するとよい．

【考察】針金法と同様に考察する．

3) しわ付けされた後の布地の外観評価法

①リンクル法：試験法は，しわ付け装置（リンクル形しわ試験機，図68）を用い，試験布全体に規定荷重をかけランダムに折り目をつける．除重後，試験布に付いたしわの状態を表25の立体レプリカと比較し，試験布のしわの程度を等級で判定する．

②洗濯しわ：洗濯後のしわ評価については，「JIS L 1096 織物及び編物の生地試験方法：8.24 洗濯後のしわ」の試験方法に準拠し試験布を洗濯処理した後，しわの状態を立体レプリカと比較し，試験布のしわの程度を等級で判定する．

【参考】布地のしわに影響する要因として以下のことが挙げられる．

・原料繊維の弾性回復率が大きいものは，しわはできにくい．

・糸が動きやすい試験布は，しわはできにくい．糸密度や織組織（交錯点の大小）等が関係する．また，織物より編物の方がしわができにくい．

・繊維が湿潤するとしわができやすい．特に親水性繊維は影響が大きい．

[由利素子]

図68　リンクル形しわ試験機

表25　立体レプリカ

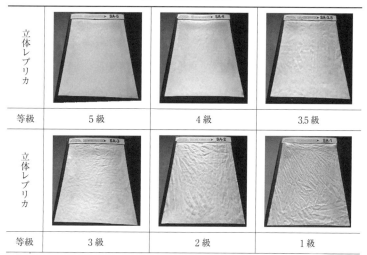

立体レプリカは，5級が最も滑らかな外観を示しており，しわが最も少ない状態で良好であることを示す．1級は最もしわが多く外観が不良であることを示す．

表面摩擦特性

布地の表面摩擦特性は，着心地などに大きな影響を及ぼす．

上着の裏地が滑りやすいと，袖を楽に通すことができるなど，着用における動作性を向上させたりする．これらは，布の摩擦係数が深く関わっている．滑りやすさ，滑りにくさと摩擦係数との関係をみる．

1) 傾斜板法

【目的】傾斜板法により，滑り出す傾斜角度から摩擦係数を測定する．

【試料】表面状態の異なる各種布地

【方法】

①傾斜板に，その板の大きさの試料をしわが付かないように両面テープなどで貼りつける．

②スライド板（スライドグラスなど）は同じ試料で包み[*1]，糸やテープで止めつける．このとき，たて・よこ方向や傾斜板の試料の方向など，試料を滑らせる方向の組合せを決める．

③スライド板を傾斜板の上に置き，一定速度で静かに傾斜板を傾けてゆく．スライド板が滑りだしたときの l と h を測定する（図69）．あるいは θ を測定する．3回の測定をする．

【結果】表面摩擦係数（静摩擦係数）μ を次の式にて求める．

$$\mu = \tan\theta = \frac{h}{l}$$

μ は平均値で表し，小数点第3位まで求める．

[*1] 試料により，スライド板を同じ試料で包むと傾斜板の角度を大きく傾けても滑りにくくなるものもある．このような場合はスライド板を試料で包まず，傾斜板の試料の上を滑らせて測定しても良い．

2) 水平板法

【目的】摩擦子を水平方向にスライドさせたときの摩擦係数を測定する．

【方法】図71のように，水平板法による測定方法は，試料台を固定し，摩擦子を一方向に引っ張ったとき，垂直方向の抗力（摩擦子の重さ）N と水平方向に引っ張る F から摩

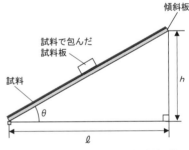

図69　静摩擦係数測定法（傾斜板法）

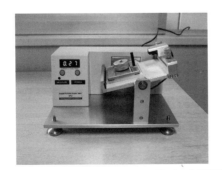 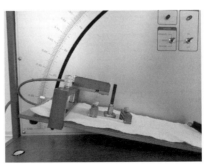

図70　摩擦試験機（傾斜板法）
左はポータブル摩擦試験機．

擦係数を求める．

$$\text{静摩擦係数 } \mu = \frac{F}{N}$$

で求めることができる．

滑り始めるときの摩擦力から静摩擦係数 μ_s，滑っているときの摩擦力から動摩擦係数 μ_d を求めることができる．

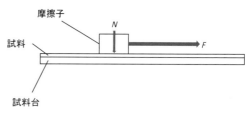

図71 摩擦係数測定法（水平板法）

【結果】摩擦係数の平均値を求める（整数値）．このときの試験結果には，N，F の大きさを記入する．

【考察】摩擦係数と織物の方向性，力，接触面積などとの関係について考える（p.104「風合い評価（KES）」表面特性の測定を参照）．

【参考】静止状態から動き始めるときの摩擦抵抗を静摩擦係数で表す．静摩擦係数に対して，動的な状態における摩擦係数を動摩擦係数という．

摩擦力 R は，摩擦面にはたらく垂直抗力 N（物の重力 W）に比例する．2つの物体の接触面に平行にはたらく摩擦力 R と，その面に直角にはたらく垂直抗力 N との比を摩擦係数という（図72）．

引っ張る力 F が小さいうちは物体の底面に絶えず F と同じ大きさで反対向きの力 R がはたらいて，物体は滑り出さない．F の引っ張る力が R の摩擦力を超すと物体は滑り出す．このときの摩擦力 R と垂直抗力 N との大きさの比を静摩擦係数（μ_s）という．摩擦力 R は物体が滑りだそうとするときこれを引き

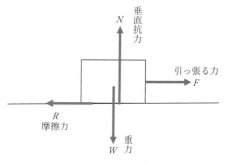

図72 摩擦係数

止める力（静摩擦力 R_s）である．また，いったん滑りだした後，底面には物体を引き止める力（動摩擦力 R_d）がはたらく．この動摩擦力 R_d と垂直抗力 N との比を動摩擦係数（μ_d）という．

摩擦係数は次の式で表すことができる．接触表面の状態，接する物質の違いにより摩擦係数の大きさは異なる．

$$\mu_s = \frac{R_s}{N}, \qquad \mu_d = \frac{R_d}{N}$$

一般に $\mu_s > \mu_d$ であるから $R_s > R_d$ となる．

［平井郁子］

水 分 率

布，それを構成する繊維は空気中から水分（水蒸気）を吸湿する性質があり，布の吸湿性は衣服の着心地に大きな影響を与える．繊維が含む水分量は，空気中の相対湿度に依存して変化する．一定の温度および相対湿度における，繊維が含む水分量は水分率として表され，各種繊維について公定水分率が定められている．この公定水分率は表26に示す通りとし，20±2℃，65±4% RH（標準状態）における水分率にほぼ等しい．

表26 各種繊維の水分率（繊維学会編，2004）

繊維の種類		繊維名	公定水分率 (%)	標準状態の水分率（%） (20℃, 65%RH)
綿		綿	8.5	7
毛		羊毛	15.0	16
絹		絹	11.0	9
麻		亜麻，苧麻	12.0	7〜10
ビスコース繊維		レーヨン	11.0	12.0〜14.0
銅アンモニア繊維		キュプラ	11.0	10.5〜12.5
アセテート繊維	水酸基の92%以上が酢酸化	トリアセテート	3.5	3.0〜4.0
	その他	ジアセテート	6.5	6.0〜7.0
ナイロン繊維		ナイロン	4.5	3.5〜5.0
ポリエステル系繊維		ポリエステル	0.4	0.4〜0.5
ポリアクリロニトリル系繊維	アクリロニトリル85%以上	アクリル	2.0	1.2〜2.0
	その他	アクリル系	2.0	0.6〜1.0

ここでは，布の水分率の簡単な測定法と等温吸湿曲線，乾燥速度曲線について学ぶ．

【目的】標準状態や実験時の温湿度下での，布の水分率を測定する．

【試料】一般的な布（綿，羊毛，レーヨン，ポリエステル，ナイロン，アクリル，混紡のものなど）

【器具】秤量びん，電子天秤，恒温乾燥機，デシケータまたは赤外線水分計（図73）[*1]

図73 赤外線水分計（島津製作所カタログより）

[*1] 赤外線水分計を使用する場合：試験片を赤外線水分計に入れ，温度を105℃に設定して乾燥させる．減少水分率（または減量

【方法】

①洗浄した秤量びんを，105±2℃の恒温乾燥機中に1時間放置し，乾燥する．取り出した秤量びんをシリカゲル等の乾燥剤の入ったデシケータに入れ，室温で15分間放冷した後，秤量びんの質量（g）を測定する．この作業を繰り返し（2回目以降の乾燥は30分間で良い），前回測定した値との質量差が0.1%以内となったときの値（この状態を恒量という）を，秤量

びんの絶乾質量（g）として記録する．

②試験片を秤量びんに入れ，ふたをして，測定したい温湿度下（恒温恒湿室または実験室内）での質量（g）を測定し，秤量びんの質量（g）を差し引いて，その温湿度下での試料の質量 W_e（g）を求める．

③試験片を入れた秤量びんはふたを開けた状態で，105℃±2℃の恒温乾燥機中に1時間放置して乾燥し，デシケータ中で放冷後，乾燥した試料と秤量びん（ふたを含む）の合計の質量（g）を測定する．

④再び，105℃±2℃の恒温乾燥機中に30分間放置し，その後デシケータ中で放冷して，質量（g）を測定する．前回測定した値との質量差が0.1%以内となったときの値を，絶乾質量（g）として記録する．試料と秤量びんの合計の絶乾質量（g）から，秤量びんの絶乾質量（g）を差し引いて，試料の絶乾質量 W_0（g）を求める．

⑤実験室の温湿度を記録する（恒温恒湿室の場合は，20±2℃，65±4%RH）．

【結果】次式により，水分率を求める．

$$水分率（\%）=\frac{W_e - W_0}{W_0} \times 100$$

【考察】
①繊維の化学構造と水分率との関係を考察する．
②繊維の極性基や非晶領域の割合と水分率との関係を考察する．
③布の性状と乾燥特性との関係を考察する．

【参考】
①水分率と含水率
水分率および含水率は次式で定義される．

$$水分率（\%）=\frac{吸湿した試料の質量 - 絶乾質量}{絶乾質量} \times 100$$

$$含水率（\%）=\frac{吸湿した試料の質量 - 絶乾質量}{吸湿した試料の質量} \times 100$$

水分率とは，標準状態や実験時の温湿度下で，絶乾状態の試料の質量に対して試料に吸湿される水分量の比率を示している．これに対し，含水率とは，標準状態や実験時の温湿度下に放置された試料中に含有している水分の割合を示している．

②等温吸湿曲線
いくつかの湿度の異なる条件下で，吸湿した試料の水分率を求め，相対湿度に対して水分率をプロッ

分）が変化しなくなったときを絶乾状態と判断し，水分率を測定する．一定の経過時間ごとに試料の質量（減量分）を記録することで，質量と水分率の経時変化を測定することができ，試料の乾燥特性を確認できる．

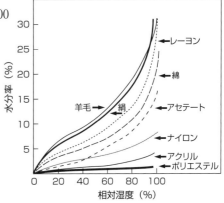

図74 各種繊維の等温吸湿曲線（25℃）

トしたグラフを描くと，等温吸湿曲線（図74）が得られる．各繊維のあらゆる湿度下での水分率が確認できる．

③乾燥速度曲線

赤外線水分計で水分率を測定する場合，一定の経過時間ごとに試料の質量（減量分）を記録することで，質量と水分率の経時変化を測定することができる．経過時間に対して試料の質量をプロットしたグラフを描くと質量変化曲線（図75）が得られ，経過時間に対して試料の水分率をプロットしたグラフを描くと乾燥速度曲線（図76）が得られる．

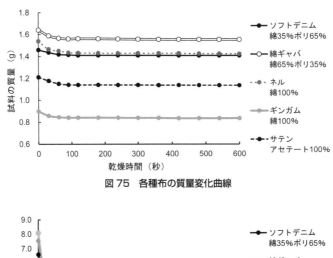

図75　各種布の質量変化曲線

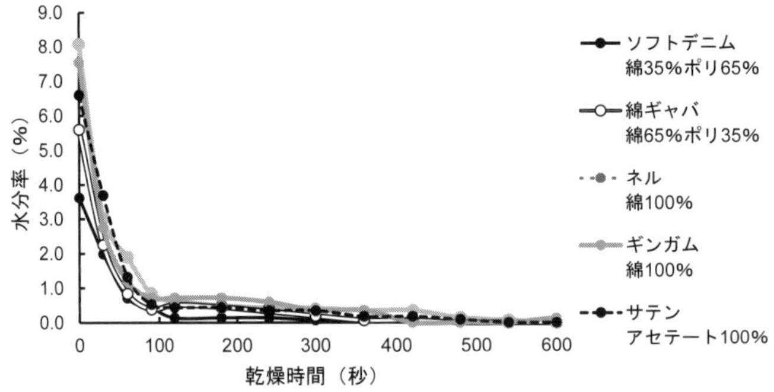

図76　各種布の乾燥速度曲線

図76の乾燥速度曲線から，例えば綿100％のギンガムとネルの水分率はほぼ同程度であるが，絶乾に至るまでの時間に違いがあり，乾燥特性が異なることがわかる．繊維の種類のみならず，布の厚さや毛羽立ちなどの性状によっても，乾燥特性が異なることが確認できる．

吸水性

吸水性とは液体状の水分，いわゆる水を吸う性質のことである．布の吸水性は衣服の快適性に大きな影響を及ぼし，とくに肌着，ソックス，おむつ，タオルなどにとって重要な性質である．布が水に接触すると，毛管現象や浸せきによって吸水する．布の吸水性は，繊維表面の濡れ性と布中の毛管サイズに依存し，吸水速度や吸水率によって評価する．

ここでは，吸水速度法であるバイレック法，滴下法，沈降法，および浸せきによる吸水率法について学ぶ．

1) バイレック法

【目的】垂直方向の毛管現象による繊維製品の吸水性を，吸水速度で評価する．

【試料】一般的な布（綿，羊毛，レーヨン，ポリエステル，ナイロン，アクリルなど），機能性を付与した布（吸水・吸汗素材，はっ水素材など）

【器具】水槽，水平棒支持枠，水平棒，スケール，おもり，ストップウォッチ

【方法】

①試験片は約 200 mm×25 mm の大きさで，たて・よこ方向それぞれ 5 枚ずつ採取する．試験片に図 77 に示すように水性ペンで直線を描いておくと，水が上昇するにしたがって水性ペンで書いた線がにじんでいくのでわかりやすい．水の代わりに染料水溶液を使用する場合には，水性ペンで印を付ける必要はない．

図 77 試験片

②試験片を装置の水平棒に固定し，試験片の下端におもり（クリップなど）を取り付ける．

③水平棒を降下させて，水（または染料水溶液）を張った水槽に，試験片の下端 20±2 mm が浸せきするように調整し，そのまま 10 分間放置する（図 78）．

④10 分経過後，水が上昇した高さをスケールで 1 mm まで測定する．

【結果】たて方向およびよこ方向別それぞれに，5 回の平均値を四捨五入によって整数に丸めて表す．

2) 滴下法

【目的】表面の濡れやすさと水平方向の毛管現象による繊維製品の吸水性を，吸水速度で評価する．主に，はっ水性のあるもの（毛のように油分を含んだものなど）以外のものに適用する．

図 78 バイレック法の試験装置

【試料】バイレック法に同じ

【器具】ビュレット[*1]，試験片保持枠（金属製または木製のリング），ストップウォッチ

[*1] スポイトなどでも簡単に実験ができる．

【方法】
①大きさ約 200 mm×200 mm の試験片を 5 枚採取し，試験片保持枠（リング・φ150 mm）に水平に張って固定する．ビュレットの先端が，試験片の表面から 10 mm の高さになるように調整する．
②ビュレットから水を 1 滴滴下し，試験片上の水滴の反射光が消えるまでの時間を，1 秒単位まで測る（図 79）．

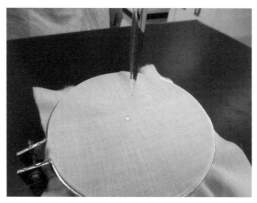

図 79　滴下法

【結果】5 枚の試験片の平均値を，四捨五入によって整数に丸めて表す．

3）沈降法

【目的】毛管現象による繊維製品の吸水性を，吸水速度で評価する．主に，タオル生地に適用する．
【試料】バイレック法に同じ
【器具】水槽，ストップウォッチ
【方法】
①大きさ 10 mm×10 mm の試験片を 3 枚採取する．
②試験片の測定面を下向きにして，水（20±2℃）を入れた水槽中に浮かべた後，試験片が湿潤して水中に沈降し始めるまでの時間を測定する（図 80）．

図 80　沈降法

③ 60 秒以上経過しても沈降しない場合は，沈降しないものと判定する．試験片 3 枚のうち 1 枚が沈降しない場合は，さらに 1 枚追加して同様の測定を行う．

【結果】試験片 3 枚（追加した場合は 4 枚）のうち，60 秒以内に沈降した 3 枚について，水中に沈降し始めるまでの時間の平均値を，四捨五入によって整数に丸めて表す．ただし，4 枚のうち 2 枚以上が沈降しない場合は，「60 秒以上」との結果とする．

4) 吸水率法

【目的】一定時間吸水させる場合の繊維製品の吸水性を，浸せきによる吸水率で評価する．主に，吸水性が比較的高いものに適用する．

【試料】バイレック法に同じ

【器具】浸せき槽，おもり，ろ紙，天秤

【方法】

① 大きさ 75 mm×75 mm の試験片を 3 枚採取し，試験片の質量を 1 mg まで測定する．

② 試験片におもりを付け，20±2℃水を入れた浸せき槽に浸せきする．この際，図 81 に示すように，試験片の上端が水面下 50 mm のところにくるようにして，20 分間浸せきする．

③ 試験片を浸せき槽から取り出し，2 枚の乾燥したろ紙の間に挟み，表面の水を軽く吸い取った後[*1]，質量を 1 mg まで測定する．

④ 次式によって吸水率（%）を求める．

$$吸水率 = \frac{W - W_0}{W_0} \times 100$$

W_0：吸水前の試験片の質量（mg），W：吸水後の試験片の質量（mg）

【結果】3 回の平均値を，四捨五入によって整数に丸めて表す．

【考察】

① 吸水性と繊維表面の性質，素材との関係を考察する．

② 吸水性と糸の構造，布の構造（組織，糸密度など）との関係を考察する．

図 81　浸せきによる吸水率法

[*1] ロール絞り機が使用できる場合には，25 mm/s の表面速度でロール絞り機を通す．

防 水 性

 防水性とは，耐水性，はっ水性，漏水性などの総称である．雨着，雨具，登山やスポーツ用のウェアなどに要求される性質である．はっ水性は防汚性とも関係がある．防水性の試験法としては，耐水性試験，はっ水性試験，雨試験がある．

 ここでは衣服に関連する耐水性試験と，はっ水性試験の方法を学ぶ．耐水性試験法は，布に水圧をかけて耐水度を評価するものであり，はっ水性試験法は，水圧はかけずに水を散布し，布表面の湿潤状態や浸透状態を評価する試験である．

1) 耐水性（静水圧法）

【目的】繊維製品の耐水性，耐水加工による効果などを評価する．低水圧法は主に，防水帆布，テント用布，靴用布，防水加工したものに適用する．

【試料】一般的な布（綿，羊毛，レーヨン，ポリエステル，ナイロン，アクリルなど），耐水性を付与した布，耐水性素材など

【器具】耐水度試験装置（図82）[*1]

【実験方法】

① 大きさ約150 mm×150 mmの試験片を5枚採取する．

② 耐水度試験装置に，試験片の表側（防水面または使用時に水が当たる面）が水に当たるように取りつける．

③ 常温（20±3℃）の水を入れた水準装置を一定速度[*2]で水位を上昇させ，試験片の裏側に3カ所[*3]から水が出たときの水位をmm単位で測る．

【結果】5枚の試験片の平均値を，四捨五入によって整数に丸めて表す．

図82 耐水度試験機（大栄科学精器製作所カタログより）

2) はっ水性（スプレー法）

【目的】繊維製品のはっ水性や，はっ水加工剤による効果などを評価する．スプレー法は主に，通気性がある繊維製品に適用する．

【試料】一般的な布（綿，羊毛，レーヨン，ポリエステル，ナイロン，アクリルなど），はっ水加工剤を塗布した布，はっ水性素材など

【器具】はっ水度試験装置（スプレーテスター），ビーカー，天秤

【実験方法】

① 大きさ約200 mm×200 mmの試験片を3枚ずつ採取し，試験片にアイロンをかけ，水分を除去する．はっ水加工剤[*4]を塗布する場合には，試験片の質量を測定する．

② はっ水加工剤の塗布量が一定となるように質量を確認して，一定量のはっ水加工剤をスプレーなどで塗布する．一定量塗布後にアイロンをかけ，はっ水加工剤を固着する．必要に応じて，未加工布のほか，塗布量の異な

[*1] 試験装置の原理は，試料台に対して水準装置が600 mm/min±30 mm/minまたは100 mm/min±5 mm/minの速さで上昇するようになっており，試験片にはその高さの差だけの水圧がかかる．

[*2] 一定速度とは，600 mm/min±30 mm/minまたは100 mm/min±5 mm/minとする．

[*3] 3カ所から水が出ない場合は，1カ所または2カ所から水が出たときまでの水位を測り，その旨を記載する．

[*4] はっ水加工剤にはシリコン樹脂系，フッ素樹脂系のものがあり，主にスプレータイプで市販されている．いずれも，塗布により布表面の表面張力を低下させ，水をはじくようにする．

る試験片を作製する.

③試験片を試験片保持枠（直径150 mm）にしわができないように取り付ける.

④図83に示すような，はっ水度試験装置（スプレーテスター）を用いて，スプレーの中心を試験片保持枠の中心と一致するように取り付ける．試験片は，水の落下方向に対して45°になるようにする．

⑤20±2℃の水250 mLを一気に漏斗に注入し，25〜30秒の間に試験片上に散布する．

⑥保持枠を台上から外し，その一端を水平に持ち，試験片の表側を下向きにして他端に固い物を軽く当て余分な水滴を落とし，保持枠を付けたまま試験片の濡れた状態を，図84に示す湿潤状態の比較見本と比べて判定する．

図83 はっ水度試験装置

 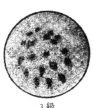  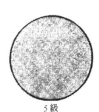

　1級　　　　2級　　　　3級　　　　4級　　　　5級

1級：表面全体に湿潤を示すもの．
2級：表面の半分に湿潤を示し，小さな個々の湿潤が布を浸透する状態を示すもの．
3級：表面に小さな個々の水滴状の湿潤を示すもの．
4級：表面に湿潤しないが，小さな水滴の付着を示すもの．
5級：表面に湿潤及び水滴の付着がないもの．

図84 湿潤状態の比較見本（JIS L 1092）

【結果】判定の級について，3回の平均値で表す．

【考察】

①耐水性またははっ水性と，繊維の性質（化学構造など）との関係を考察する．

②耐水性またははっ水性と，布の構造（組織，糸密度など）との関係を考察する．

③耐水加工剤やはっ水加工剤の塗布量と，耐水性またははっ水性の関係を考察する．

[濱田仁美]

洗濯による寸法変化

【目的】洗濯は衣類を使用するうえで欠かせない行為であるが、繊維の種類や布の構造により、衣類が洗濯後に伸びたり縮んだりという寸法の変化を生じる場合がある。寸法変化については、いくつかの試験法（JIS L 1096）が規定されている。ここでは、常温水浸せき法と家庭用電気洗濯機法を取りあげる。

【試料】各種織物、編物（綿、羊毛、レーヨン、ポリエステルなど）

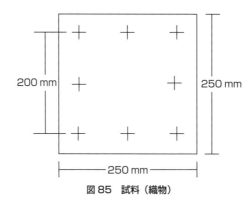

図85 試料（織物）

①試料は、たて250 mm、よこ250 mmに地の目に沿って切り出す。試料数は布の種類ごとに2〜3枚とする。

②試料を作業台の上に置き、図に示すように3対の測定点をたて方向、よこ方向それぞれに油性マジックで記す（図85）*1。

【器具】定規、油性ペン、家庭用電気洗濯機、洗い桶またはバット

【方法】

①常温水浸せき法：試料を25±2℃の水中に30分間浸せきし、水を十分に浸透させる。その後、試料を1分以内で遠心脱水するか、紙または布の間に挟み押さえて脱水し、乾燥させる*2。

②家庭用電気洗濯機法：パルセータ型（渦巻式）の電気洗濯機で液温40℃の水を30 L入れる。これに標準使用量となる割合で洗濯用合成洗剤（弱アルカリ性）を入れる。浴比が1対30*3になるように試料布と、必要に応じて補助布*4を加え合計1 kgとする。通常の洗濯のように10分程度洗い、排水後、ためすすぎを2回行う。再度排水後、3分程度脱水し、乾燥させる*2。

③試験布を作業台の上に置き、引き延ばさないように注意しながら、しわを取り除く。

④試験布が歪まないように注意しながら定規等を用い、対になった2つの印の間の距離を1 mmの単位で測定する。

【結果】以下の式を用いて、試料の寸法変化率を求める。

たて方向、よこ方向、それぞれ3カ所の測定区間の長さの平均値（小数

*1 編物試料の場合、試料の大きさを300 mm×300 mmとし、2枚を合わせて、周囲をかがって用いる（JIS）（図86）。

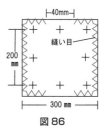

図86

*2 乾燥させる際には、水平な網または類似の穴の開いた面上に載せ、平干しする（スクリーン乾燥）。

*3 実際の洗濯では、たて型洗濯機の性能向上や、浴比が低くても洗浄効率が得られるドラム式洗濯機の普及などにより、浴比は1：20（たて型）、1：10（ドラム式）程度が一般的である。

*4 補助布は通常300 mm×300 mmの布で周辺をふちどりしたもの。

点以下 1 桁）を求め，次の式によって寸法変化率（小数点以下 2 桁まで）を求める．次に，試料別，たて・よこ方向別に，寸法変化率の平均値を求めて，小数点以下 1 桁に丸めて表す．

$$\Delta L = \frac{L_2 - L_1}{L_1} \times 100$$

ΔL：寸法変化率（%），L_1：処理前の長さ（mm）※今回は 200 mm

L_2：処理後の長さ（mm）

【考察】計算結果のマイナスは縮みを表し，プラスは伸びを表す．洗濯による寸法変化がどのような原因で起こるのか，試料に使われている繊維や布の構造，方向性などを考慮して検討しよう．水分による寸法変化の原因としてはどのようなものが考えられるか．また，洗剤，攪拌の影響などについても検討してみよう．

【参考】編物の場合には，洗濯などにより寸法が変化しても，引っ張ったり伸ばしたりすることで元の寸法に近づくことがある．そのため，よこ編の場合にはニットシュリンケージゲージ（図 87），たて編の場合にはテンションプレッサ（図 88）を用いて寸法の回復操作を行い，回復操作後の寸法変化率を求める場合がある[*5]．

[谷 祥子]

[*5] 乾燥直後の寸法変化率を見かけの寸法変化率とし，回復操作後の寸法変化率と合わせて求めることもある．

図 87　ニットシュリンケージゲージ（よこ編）

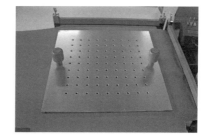

図 88　テンションプレッサ（たて編）

繊維製品の形態変化

　衣服を洗濯したら，寸法が縮んでしまった経験を持つ人は少なくないだろう．あるいはハンガーで吊るして乾燥したら，寸法が伸びてしまった経験のある人もいるかもしれない．このように，繊維製品の寸法変化はしばしばクレームの対象になる．繊維製品の寸法変化については，JIS L 1909 に詳しく定められている．

1）繊維製品の収縮

　繊維製品の寸法変化について，図 89 は紳士物のセーター（ウール 100%）で，洗濯前と洗濯後の写真を示したものである．弱アルカリ性の洗剤で，家庭用電気洗濯機（パルセータ型）で洗うと，図のような寸法変化を起こした．これは，羊毛のスケールが水分により開き，攪拌作用によりフェルト化し，縮絨したためと考えられる（p.76 参照）．

図89　洗濯前（左）と洗濯後（右）のセーターの寸法変化

　洗濯による繊維製品の寸法変化については，不要になった衣服を用いて調べることができる．実験方法はJIS L 1909に詳細な規格があるが，以下に簡便な上衣の寸法変化についての実験方法を示す．
　①洗濯前の衣服の形を模造紙などに写す．
　②測定部位に油性マジックで印をつける．
　③上衣であれば，以下の寸法を測る．
　　・前身丈：サイドネックポイントに相当する位置からすそまでの前身の長さ
　　・後丈：後えりぐり中央からすそまでの長さ
　　・わき丈：アームホールの最下点から衣服のすそまでの長さ
　　・そで下丈：アームホールの最下点からそで口までの長さ
　　・ヨーク幅：背中心のネックポイントとアームホールの下端との中間点における両そで縫付縫い目間の背部分の幅
　　・ウエスト幅：ウエストラインに相当する部分の幅
　　・すそ幅：すそ部分の幅
　　・そで幅およびそで口幅
　　・えり回り
　③家庭用電気洗濯機で，洗剤を用いて洗濯，乾燥する．処理方法は，記録する．
　④処理後の衣服を模造紙に写し，さらに，試料が歪まないように注意しながら③で測定した箇所の寸法を測る．
　⑤前掲（p.65）の式を用いて各部位の寸法変化率を求める．
　繊維製品の収縮は，羊毛の縮絨性によるもの以外にも，様々な要因が考えられる．
　例えば，綿やレーヨンのセルロース繊維は水を吸収すると膨潤し，糸が太くなる．そのため，収縮が起こる（図90）．さらに，ナイロンやポリエステルのような熱可塑性繊維では，乾燥機，アイロン，プレス機などの過熱による熱収縮が起こる．また，織物や編物が織機や編機からはずれたことにより，張力が緩んだことで起こる緩和収縮やひずみも問題となる．

図90　膨潤収縮のモデル

2）繊維製品の伸び

　繊維製品の寸法変化としては，伸びも問題となる．一般に織物の伸びは小さいが，編物は収縮と

同様に伸びが大きな問題となる．編物の伸びには，着用や吊り干しによる編地の自重によるものがある．

図は，夏物のセーターの例（綿45％，アクリル45％，ポリエステル10％）である．写真から，吊干し，着用時の自重により大きく伸びてしまっているのが確認できる．このような伸びを防ぐため，「洗濯後は脱水をし，形を整えて，平干ししてください」「保管はハンガーで吊り下げず，たたんでください」などの注意表示がつけられていることもある．

図91　セーターの伸び

3) 繊維製品の形態変化

その他，広義の形態変化として，着用時の動作や洗濯などにより，繊維製品に型くずれやねじれなどが生じて元の形がくずれることがある．

図92はカットソー（綿100％）のねじれの例である．左脇縫い線が前へ，右脇縫い線が後側に回り込んでいる．このように丸編機によって筒状に編まれた生地を裁断し，縫製した衣類では，丸編機で編まれる際の円周方向のねじれが水に濡れると再現してしまうことがある．特に，綿などの親水性繊維の単糸による平編では，水や水蒸気により内部歪みが緩和し，寸法変化やねじれが生じやすい．また，一般に紡績糸はZより（左より）であるので，糸のよりが戻ろうとする力が残っていると，洗濯することで編目ループが変形して右に傾き，編地が斜行する．

以上のように，繊維製品の寸法変化，また形態変化には様々な事例がある．その要因は多岐にわたり，製品の苦情にもつながりやすい．身の回りの衣服で形態変化を起こしたものを持ちより，文献などを参考に，その種類や要因，対処法について調べてみるとよいであろう．

図92　カットソーのねじれ

保 温 性

【目的】保温性は人の体温調整において，重要な性能である．保温性は保温率を用いて評価するのが一般的である．その試験方法には，一定温度を保つために供給される電力消費量を測定する恒温法（JIS L 1096）と，ある温度からある温度までを冷却するのに要する時間を測定する冷却法がある．

保温率は環境に大きく左右されるので，恒温恒湿室（20±2℃，65±4%RH）で測定するのが望ましい．

【試料】各種織物，編物

1) 恒温法

【機器】ASTM 型保温性試験機（図 93）

【方法】

①試料は 300 mm×300 mm に 2 枚切り出す．

②試験板および保護板を 36.0℃にセットする．

③36±0.5℃に安定したら，試験片を取り付けない状態で 2 時間通電し（ブランク測定），試験板を 36℃に保つために供給された電力消費量（通電時間）を記録する．

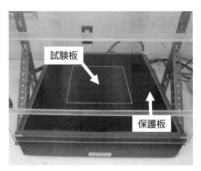

図 93　保温性測定試験機（恒温法）

④試験片を試験板の上に広げて置き，装置の通電を開始する．2 時間の測定時間中の通電時間を，ブランク測定と同様に記録する．

⑤測定時間については，1 時間あるいは 30 分に短縮して行う場合もある．

【結果】次式により保温率（%）を求める．測定は 2 回とし，その平均値を算出する（小数点以下 1 桁まで）．

$$保温率（\%） = \left(1 - \frac{b}{a}\right) \times 100$$

a：ブランク試験における通電時間，b：試料を取り付けたときの通電時間．

2) 冷却法

[冷却法保温性試験機（図 94）による方法]

【方法】

①試料は 200 mm×200 mm に切り出す．

②試験片を円盤状の測定部に載せ，押さえ枠で固定し，上部から 20℃の空気を送風し，測定部の温度が 36℃から

図 94　保温性測定試験機（冷却法）

35℃まで低下するのに要する時間を測定する．5 回の結果の平均値を算出する．同様に，試料を取り付けない裸状での冷却所要時間も測定する．

[カタ寒暖計による方法[*1]]

【器具】カタ寒暖計あるいはアルコール温度計，ストップウォッチ，縫い糸，針，スタンド，クランプ，ドライヤーなど

[*1] カタ寒暖計がない場合は，通常のアルコール温度計でも測定できる．

【方法】

①試料はたて・よこ方向それぞれ 9 cm×4 cm に切り出し，これを重ね

3.2 布の特性試験　69

て2つ折りにし，図95のように袋の幅が2.5 cmになるよう袋状に約7針/cmの針目で縫う．その際，温度計に対してきつすぎたり緩すぎたりしないように，確かめながら縫う*2．

②カタ寒暖計の球部をドライヤーで温め，上部のアルコール溜めに溜める．その際，アルコール中の気泡は排除する*3．

③球部に袋状の試験片をはめてからスタンドに取り付け，標線のAからBまでの間を通過する時間をストップウォッチで測定する．裸状のものも同様に測定する．測定は2回とする*4．

*2 アルコール温度計の場合は6 cm×2.5 cmに切り出し，袋の部分を1 cmにする．
*3 アルコール温度計の球部も同様に温め，40℃以上に上げる．

【結果】次式により保温率（％）を求め，平均値を算出する（小数点以下1桁まで）．

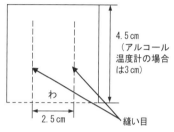

$$保温率（％） = \left(1 - \frac{a}{b}\right) \times 100$$

図95　試験袋の作り方

a：裸状で温度Aから温度Bまでの冷却所要時間，
b：試料を取り付けたときの温度Aから温度Bまでの冷却所要時間．

【考察】
①布の含気率，厚さ，織り糸密度，カバーファクターなどの布の構成因子との関係から，保温性について考察する．
②物質の熱伝導率の観点から，保温性について考えてみよう．

【発展】
①無風時と有風時，乾燥試料と湿潤試料で比較する．その際，風速や通風孔からの距離は一定にする必要がある．また，湿潤試料については，湿潤前後の試料の質量を測定して水分率を算出し，水分率と保温性の関係を考察する．
②布を重ね，その重ね枚数と保温性の関係を調べる．

*4 アルコール温度計の場合は，温度Aから温度Bまで低下するのに要する時間を測定する．

参考：冷却装置がない場合は，円筒容器（空き瓶など）にお湯（例えば50℃）を入れ，容器を布で巻く．ブランクも用意する．一定時間放置したときの温度低下を測定する．その際，5分おきに温度を測り，時間に伴う温度低下のグラフを作成するとよい．あるいは一定温度に下がるまでに要した時間を測定する．

【参考】KES法（サーモラボ法）

サーモラボ（図96）による測定は恒温法である．ドライコンタクト法，ウェットコンタクト法，ドライスペース法，ウェットスペース法の4つの試験法があり，風速30 m/sの有風下で行う．試験片なしで試験熱板を一定温度に保つのに必要な放熱量と，試験片を取り付けた場合に必要な放熱量から保温率を算出する．

保温性とは異なるが，温熱特性として接触冷温感という性能がある．これは肌が生地に触れたときに「温かい」「冷たい」と感じる皮膚感覚をいい，皮膚が布に接触したとき，皮膚と布との温度差により熱が移動することにより生じる．接触冷温感は，q-max（初期熱流量ピーク値）で評価される．

［松梨久仁子］

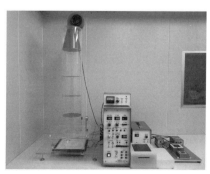

図96　サーモラボ装置

通気性

【目的】 通気性は，空気が布の空隙から通過，移動する性質で，衣服内の熱，水分，二酸化炭素などの移動にも影響する．したがって，保温性や透湿性とも密接に関係し，快適性を考えるうえでとても重要な性質である．通気性の測定には，布地の両側で圧力差があるときの空気の移動量を測定するフラジール形試験機，一定の空気量を通過させたときの通気抵抗を測定するKES通気性試験機による測定法などがある．

【試料】 各種織物，編物

1) フラジール形通気性試験機

【機器】 フラジール形通気性試験機

図97に試験機の概略図を示す．クランプの下に，円筒があり一番下に吹込みファンがある．外部からの空気は試験片を介して，装置の下部に流れる．

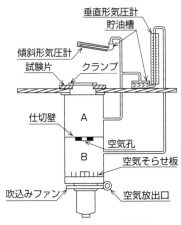

図97 フラジール形試験機

測定時にこの円筒中に空気孔（オリフィス）を取り付けるが，この空気孔によって円筒はAとBの2室に分けられる．傾斜形気圧計はA室に，垂直形気圧計はB室につながっており，傾斜形気圧計は試験片の外側の大気とA室との圧力差，垂直形気圧計はA室とB室の圧力差が示される．

空気孔の調整方法：傾斜形気圧計を125 Paにしたときに垂直形気圧計の高さが上がらない場合は，A室とB室の圧力差が小さすぎるので，空気孔を径の小さいものに交換し圧力差を大きくする．逆に，傾斜形気圧計を125 Paまで上げると垂直形気圧計側の水が目盛を超えそうな場合は，圧力差が大きすぎるので，空気孔を大きい穴に取り換え，測定可能な範囲になるように調整する．

【方法】

①垂直形気圧計と傾斜形気圧計の0点にメニスカスが合うように，水量を調節する．

②試験片を所定の位置に置きクランプで押さえ，傾斜形気圧計が125 Pa（水中高さ1.27 cm）の圧力を示すように，吹込みファンと空気穴を調整する．

③垂直形気圧計の目盛を読む．

④試験片の場所を変えて，3～5回測定する（JISでは5回）．

【結果】垂直形気圧計の目盛の値と空気穴の直径から，測定装置に付属している換算表を用いて試験片を通過した通気量（$cm^3/(cm^2·s)$）を求め，平均値を算出する（小数点以下1桁まで）．

2）KES通気性試験機

【機器】KES通気性試験機

この試験機（図98）は測定方法および試験片の装着が簡単で，ほとんどの布地に対して装置の調節なしに測定可能である．また，測定も短時間である．

KES通気性試験機はフラジール形とは異なり，試験片に4 $cm^3/(cm^2·s)$の空気量を通過させたときの通気抵抗（$kPa·s/m$）を測定するものである．

【方法】

①試験片を所定の位置に置き，クランプで押さえる．

②SENSをLレンジにし，ゼロチェックをしてスイッチを「INT」にする．

③リセットスイッチを押してからスタートスイッチを押すと，排気3秒，吸気3秒の6秒間で測定が終了し，通気抵抗値がデジタルメーターに表示される．試験片の場所を変え，3～5回測定する．

図98 KES通気性試験機

【結果】平均値を算出する（小数点以下3桁まで）．

【考察】

①フラジール形，KES試験機それぞれの機器の測定原理について理解する．

②同一の試験片を2枚以上重ねて（1枚，2枚重ね，3枚重ね…）測定し，重ね枚数と通気量（あるいは通気抵抗）との関係について，散布図を作成して検討する．

③布厚さ，織糸密度，織糸の太さ，カバーファクター，含気率などの測定結果と合わせ，通気性にはどのような因子が影響するのかについて考察する．横軸に布の構成因子，縦軸に通気量（あるいは通気抵抗）をプロットし，グラフを作成するとよい．

④通気性は，保温性や透湿性等と密接に関係している．これらの性質の関係について考察し，快適な衣服について考えてみる． ［松梨久仁子］

透 湿 性

【目的】布が水蒸気を透過させる性質を透湿性という．人体からは常に不感蒸泄や発汗により水分を放出しており，この水分を衣服を通して外へ発散できなければ不快感につながる．ここでは，衣服の快適性と密接に関係する透湿性について，蒸発法の手法で測定する．

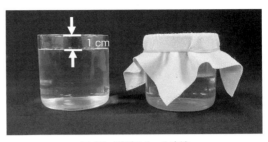

図99 試料のセット方法

【試料】各種織物，編物（繊維の種類，厚さやカバーファクターなどが異なる布）

【器具】内径 5～7 cm 程度の円筒ガラス容器（図99）あるいは透湿カップ（図100），両面テープ，輪ゴム，電子天秤，ノギスなど

【方法および結果】恒温恒湿室あるいは恒温恒湿装置内で，一定の環境下で測定するのが望ましい．

[透湿率の測定]

①試験片は円筒ガラス容器の直径より 5 cm くらい大きく採取する（正方形でよい）．

図100 透湿カップ

②カップの上部から 1 cm のところまで蒸留水を入れる．

③試験片がたるんだり浮いたりないようにカップを覆い*1，輪ゴムで固定し，質量 W_0 を測定する．このとき，試料が水で濡れないように注意する（図100）．

④試験片で覆わないブランクの物も用意し，質量 W_0' を測定する．

⑤一定時間（ここでは 24 時間とする*2）放置し，再度質量を測定する．試験片で覆ったカップの質量を W_t，ブランクの質量を W_t' とする．

⑥測定回数は 3 回とする（各試料およびブランクを 3 つずつ用意する）．

【結果】次式により，各試料の透湿率を算出する（小数点以下 1 桁まで）．

$$透湿率（\%）= \frac{W_0 - W_t}{W_0' - W_t'} \times 100$$

*1 カップの上部の外側壁面に 1 周，両面テープを貼っておくと布を装着しやすい．

*2 24 時間後に測定できない場合は，適宜，時間設定を変える．

[透湿度の測定*3]

①透湿率の測定の 1 と同様，水を入れたカップを布で覆ったものの質量 W_0 を測定する．繰り返し回数は 3 回とする．

②一定時間後の質量 W_t を測定する．

③カップの内径をノギスで測定し，透湿面積 S_A（m²）を求める．

透湿カップはあらかじめ 40℃ に温めておき，40℃ の水を入れ，40±2℃，50±5% RH の恒温・恒湿装置内の試験片の約 10 mm 上部の風速が 0.8 m/s を超えない位置に置く．1 時間後に質量 W_0 を測定し，再び恒温・恒湿装置に置き，1 時間後の質量 W_t を測定する．

【結果】W_0 と W_t の測定値から，1 時間あたりの質量の変化量 W_h（g/h）を算出し，次式により，各試料の透湿度を算出する（整数位まで）．

*3 JIS L 1099 のウォーター法では，図100 に示す内径 6 cm の透湿カップを用い，透湿度で評価するよう規定されている．この場合，試験片は直径約 7 cm に 3 枚採取する．

$$透湿度 (g/m^2 \cdot h) = \frac{W_h}{S_A}$$

【考察】

①布の透湿性は，布のどのような構造に影響を受けるか考察する．布の厚さ，カバーファクター，含気率など，布の構成要素を横軸に，縦軸に透湿率あるいは透湿度を取り，グラフを作成して検討する．

②布の重ね枚数による影響を調べてみるとよい．

③1時間，2時間，3時間，5時間，24時間後の重量を測定し，時間と透湿性の関係を調べてみるのも面白い．

④測定時の温度や湿度が変化すると，透湿性はどのように変化するか．

⑤布を構成している繊維が，透湿性に及ぼす影響について検討する．特に，繊維の吸湿性に着目して考えてみよう．

⑥通気性や保温性との関係について検討する．熱・水分・空気の移動特性はお互いに関連している．

【参考】スキーウェアなどに使われている透湿防水布の透湿性を測定する．あわせて，耐水性も調べてみるとよい． ［松梨久仁子］

透湿防水素材

雨などの水滴の侵入を防ぎ，身体から出る水蒸気を外に出る水蒸気を外に透過させる機能を透湿防水機能といい，蒸れずに快適な着用感が得られる．市販品にゴアテックス®などがある．この機能の原理を図101に示す．

雨の直径は100～3,000 μm で，それに対し水蒸気の直径は0.0004 μm といわれる．透湿防水機能は，雨水（水滴）は通さないが水蒸気は通す微孔を多数形成させることにより得られる．透湿防水加工には，次の3通りがある．

①織・編物にはっ水性の多孔質フィルムを，ラミネート加工により貼り合わせる．
②織・編物にポリウレタンなどの樹脂をコーティングする．
③超高密度に高度のはっ水加工を施す．

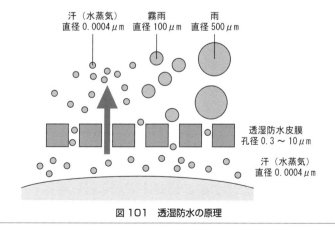

図101 透湿防水の原理

74　I　基礎編／3. 布に関する実験

熱セット性

【目的】織物の仕上げ工程における寸法安定性の向上や，プリーツなどの形態安定性を付与するために熱セット（ヒートセット）が行われている．これは繊維高分子の微細構造と熱可塑性に関係しており，繊維および織物によって熱セット性は異なる．そこで，熱セット性について，繊維の化学構造，微細構造，および織物特性（組織，糸の太さ，より，密度など）と熱セット性との関係について実験を通して調べ，考察する．

【試料】ポリエステル，ナイロン，綿，羊毛それぞれ100％組成織物．モンサント法（p.51）を参照し，1.5 cm×4 cmたて・よこ，表・裏各3枚ずつ試験片を採取する．

【器具】アイロン，モンサント形試験機一式（p.51「防しわ性」参照）

【方法】

①アイロン温度を100℃（低温），150℃（中温），200℃（高温）にセットし，試験片を1分間一定圧力で加熱し折目を付ける．

②モンサント試験器を用いて折り山の開角度を測定する．

③得られた開角度から，各繊維の熱セット性の有無を考察する．開角度が180°に近いほど熱セット性は低く，0°に近いほど熱セット性は高い．

【結果】得られた結果を，表27のように整理するとよい．

【考察】以下の項目に着目して考察するとよい．

①用いた合成繊維のガラス転移点 T_g（後述）とアイロン処理温度との関係をみる．

②熱セット性と繊維の熱可塑性との関係をみる．

③熱セット性とプリーツ保持性との関係をみる．

④水に浸せきし，試験片をもみ洗いし，乾燥させたときの折目を観察する．また，考察に向けた解説を以下に記す．

表27　熱セット後の開角度

試料名	開角度（°）						平均
	1		2		3		
	表	裏	表	裏	表	裏	
ポリエステル							
ナイロン							
綿							
羊毛							

繊維とくに合成繊維には，高分子鎖が規則正しく並んだ結晶部分と乱れた状態の非晶部分が存在する．非晶部分はある一定の温度に達すると分子の熱運動（ミクロブラウン運動）が生じる．この温度をガラス転移点（温度） T_g という．一方，結晶部分が融解する温度を融点（ T_m ）という．この T_g, T_m は各繊維によって異なる（表28）．

T_g, T_m 温度付近で繊維の微細構造が大きく変化する．とくに，T_g 以上で一定加圧後，熱処理条件に応じた安定状態となり，その後冷却することで固定化される．このような物性を熱可塑性といい，合成繊維は優れた熱

可塑性を有する．そのため，繊維高分子の T_g と熱可塑性を応用して，織物の仕上げ工程において寸法安定性を高めたり，折目やプリーツなどの形態安定性の付与に用いられている．いわゆる熱セット（ヒートセット）である．

表28　合成繊維の T_g, T_m と最適熱セット温度（単位：℃）

合成繊維	T_g	T_m	乾熱セット	蒸熱セット
ポリエステル	70〜80	264	190〜210	120〜130
ナイロン6	37	228	150〜180	110〜120
ナイロン66	49	264	170〜190	110〜130
アクリル	105	317	90〜110	80〜100

（島崎編，2009 より筆者作成）

合成繊維は，乾熱セットに比べて蒸熱セットの方が，低い温度でも熱セット効果が得られる（表28）．水が可塑剤として働き，T_g が低くなるためと考えられている．一方，乾燥状態の綿繊維や再生繊維は，非晶領域の水素結合によって熱セット性は悪いが，ごくわずかの水が介在することで非晶領域の水素結合が弱まり，熱セット性が向上する．しかしながら，洗濯によって熱セット性は消失する．羊毛繊維は，水分と熱によってシスチン架橋が変化することで折目付けが可能となる．

[長嶋直子]

いろいろな繊維のアイロン適正温度

多繊交織布を用いて，アイロンの設定温度の違いによる各繊維の耐熱性の変化（変色した，焦げた，溶けた，縮んだなど）を観察し（図102，図103），各種繊維のアイロン適正温度（表29）の理解も深めるとよい．

表29　各種繊維のアイロン適正温度

繊維名	温度（℃）
綿，麻	180〜210
毛，絹，レーヨン，キュプラ，ポリエステル	140〜160
アセテート，ナイロン，アクリル	120〜140
アクリル系，ポリウレタン	80〜120

（岡田編，2010）

ナイロン

アセテート

ポリエステル
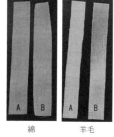
綿　　羊毛

図102　JIS L 0803 染色堅ろう度用添付白布
A：未処理，B：アイロン処理後（高温）．

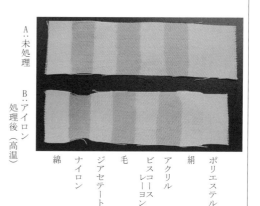

図103　アイロンをあてた様子

I 基礎編／3. 布に関する実験

羊毛のフェルト化試験

【目的】羊毛繊維には，水に濡れた状態でこすると縮絨（フェルト化）するという特徴がある．ここでは，羊毛繊維をフェルト化させて観察し，さらに，液体石けん（弱アルカリ性）[*1]や，温水を用いることで縮絨が促進することを確認する．以下に，実際に羊毛繊維をフェルト化し，コースター（10 cm×10 cm）を製作する方法を示す．

【試料】羊毛繊維（トップ）10 g 程度

【器具】ラップ，タオル，液体石けん，炊事用手袋，洗瓶，めん棒，油性ペン（図104①）

[*1] 弱アルカリ性石けんの方が縮絨しやすいが，食器用洗剤（中性）などでも代用可能である．

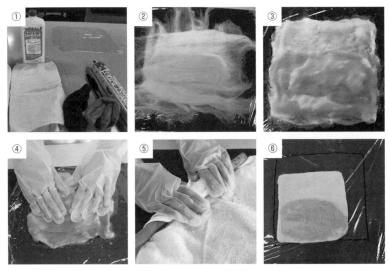

図104 フェルトの製作

【方法】

①机にラップを敷き，四隅をセロテープで固定する．

②自分の作りたい大きさよりも大きめに，ラップの上に油性ペンで作りたい形を描く．

③トップを細い束にして描いた形の上に，繊維の方向を揃え置いていく．

④たて方向に置いたら，よこ方向に重ねる（繰り返し2回）．

⑤模様をだしたければ，色の違う羊毛を置く（図104②）．

⑥羊毛の上に洗剤（1Lに5滴程度）を溶かした湯（40℃程度）をかける．

⑦十分に羊毛が濡れたら，線からはみ出した羊毛を裏に折り込む（図104③）．

⑧手袋をした手でやさしく表面をこする（3分程度）．

⑨繊維が動かないようになったら，だんだんこする力を強くする（5分程度）（図104④）．

⑩ひっくり返して裏も同様にする．

⑪表面の繊維を引っ張って全体が持ち上がるくらいになったら，タオルにはさんでめん棒で巻いてごろごろとこする（図104⑤）．

⑫多方向に巻き付け，厚みが増し，しっかりとしたフェルトになるまで繰り返す．この後，好みの形に切り取ってもよい．その場合は周りがなめらかになるよう手でこする．

⑬水で洗って洗剤を落とす．

⑭乾かして完成（図104⑥）．

【結果】ひき揃えて置いた羊毛が絡まり，縮絨する様子を観察しよう．寸法がどのくらい収縮したのか調べよう．

【考察】羊毛繊維は，乾燥状態ではスケールが閉じているが，湿潤状態では吸湿することにより膨潤し，スケールが開く（図105）．また，羊毛のスケールは毛根側から先端方向に向かって重なり合うように並んでおり，毛根方向と先端方向の摩擦係数が異なるという「摩擦係数異方性」がある（図106）．それらのことを踏まえて，羊毛の縮絨（フェルト化）の原理を考えよう．フェルト化は不可逆的な現象であり，フェルト化したものは元に戻ることはない．フェルト化は，羊毛織物の仕上げ段階で縮絨加工として用いられることもあり，例えば冬物の衣料に使われるフラノやメルトンといった織物では，表面の繊維が複雑に絡み合い，独特の風合いが生まれる．

【参考】簡便には，羊毛を丸めて，固いフェルトのボールを作ってアクセサリーなどにしてもよい（図107）[*2]．

[谷 祥子]

乾燥　　　　湿潤

図105　羊毛の膨潤（日本羊毛産業協会, 2015）

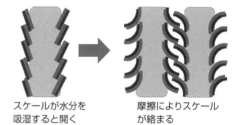

スケールが水分を　　摩擦によりスケール
吸湿すると開く　　　が絡まる

図106　羊毛の縮絨

[*2] ニードルとマットを使い，針をフェルトに刺すことで繊維を絡ませフェルト同士をくっつけることができる．あるいは，羊毛繊維をそのまま成形しながらニードルを刺すことで，作品を制作することもある（図108）．

図108　ニードルとマット

①羊毛を丸める　　②お湯をかける　　　　　作品例

③やさしく丸める　　④完成

図107　フェルトボールの製作と作品例

圧縮弾性率，乾燥性

1) 圧縮弾性率

布の圧縮特性は，やわらかさやふくらみと密接に結びつき，布の風合い，保温性などの物性とも関係がある．試験法については JIS L 1096 に次のように定められている．

圧縮率および圧縮弾性率は，圧縮弾性試験機を用いて求める．試験片（約50 mm×50 mm）3枚をたて・よこ方向が交互に直角に交わるように重ね，標準圧力4.9 kPa（50 gf/cm^2）の下で厚さ T_0（mm）を測り，次に，一定圧力29.4 kPa（300 gf/cm^2）の下で1分間保持し，厚さ T_1（mm）を測る．次に，加えた圧力を除き1分間放置した後，再び標準圧力の下で厚さ T'_0（mm）を測る．

簡便には，以下のような実験方法で測定できる．

① 試験片（100 mm×100 mm）を10枚採取し，たて・よこ方向が交互に直角に交わるように重ね，試料と同じ大きさのプラスチック板などに挟み，初期の厚さ T_0（mm）を測る．ここで，プラスチック板の重さが初期荷重となるので記録しておく（参考値としては厚さ2 mm，重さ24 g程度）．

② 分銅の下で1分間保持して厚さ T_1（mm）を測る．使用した分銅の重さは記録しておく（参考値としては500 g程度）．

③ 分銅を除き，1分間放置した後，再び厚さ T'_0（mm）を測る（図109）．実際には，プラスチック板を含めた厚さをノギスなどで測定するとよい．圧縮率 C_r および圧縮弾性率 C_e は下記の式で求める．

荷重　　　除重

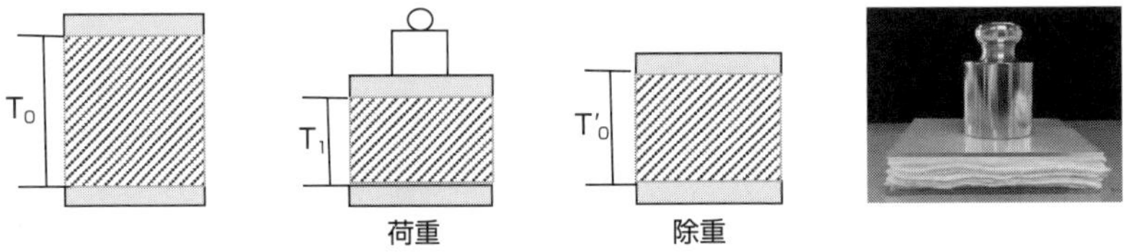

図109　圧縮特性

圧縮率 C_r および圧縮弾性率 C_e は下記の式で求める．

$$C_r = \frac{T_0 - T_1}{T_0} \times 100$$

$$C_e = \frac{T'_0 - T_1}{T_0 - T_1} \times 100$$

C_r：圧縮率（%），C_e：圧縮弾性率（%）

T_0：初期の厚さ（mm），T_1：一定圧力を加え1分間経過後の厚さ（mm），T'_0：除重後1分間放置後の厚さ（mm）．

布の圧縮弾性では，荷重を除くと厚さが回復することが確認できるが，初期の厚さに完全に回復することはない．また，KES 試験機等により圧縮特性を把握することもよく行われている（p.104「風合い評価（KES）」参照）．

圧縮特性が重要となってくる繊維製品としてタオルがあげられる．消費者はタオルに，吸水性とともに「やわらかさ」を求め，タオルのやわらかさは圧縮特性と関連がある．その他，カーペットの性能や，ふとん綿のへたりやすさの評価にも，圧縮特性値が用いられる．

2) 乾燥性

布の乾燥性は，繊維素材に依存する．さらには，布の厚さ，表面形状などにも依存する．そこで，

繊維素材別に乾燥性を試験する際には厚さが同じものを，厚さや表面形状の違いによる乾燥性を評価する場合には同素材で，織り方，編み方の異なるものを試料とするとよい．

乾燥性については，JISでは調整した試料から，400 mm×400 mmの試験片3枚を採取し，次に20±2℃の水中に広げて浸せきし，十分に吸水させた後，水中から引き上げ，水滴が落ちなくなってから，乾燥時間測定装置（図110）に取り付け，標準状態の試験室内で自然乾燥によって恒量になるまでの時間（min）を計ると規定されている．

図110　乾燥時間測定装置（東京都立産業技術研究センター）

ここでは，測定装置を用いない簡便な方法を示す．

①恒温恒湿室で調整した試料は300 mm×300 mmに裁断する（乾燥時間がかかるようなら，200 mm×200 mmでもよい）．

②試料の初期重量 W_0（g）を測定する．

③試料を20±2℃の水中に広げて，十分に浸せきする．

③水中から引き揚げて，洗濯機などで30秒間脱水処理を行う．

④試料の重量 W_t（g）を測定し，吸水量 $W_t - W_0$（g）を求める．

⑤恒温恒湿室内で（試料を同時に乾燥する場合には室外でもよい）吊干しし，2分，5分，10分（以降10分）ごとに平衡状態になるまで，同様に吸水量を測定する．

⑥縦軸に水分率，横軸に時間を取って，乾燥曲線（図111）を描く．

$$t \text{分後の水分率 } R = \frac{W_t - W_0}{W_t} \times 100 \text{（\%）}$$

W_0：試料の初期重量，W_t：吸水した試料の重量．

布の乾燥性は，洗濯時の乾きやすさや夏の汗の乾きなどで問題となる．また，近年，夏物の肌着やスポーツ衣料などで，吸水速乾性（または吸汗速乾性）をうたった商品が広く販売されている．そのため，吸水速乾性についてもいくつかの試験法で評価されているので，調べてみるとよいであろう．

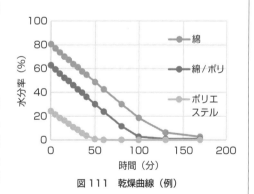

図111　乾燥曲線（例）

II 応 用 編

1. 繊維に関する実験

1.1　繊維混用率試験

　ここでは組成が未知の試料の鑑別を行う．はじめに，試料を構成する繊維の種類を鑑別し，次に薬品を使ってその混用率を測定する．

未知試料の鑑別

【目的】繊維製品の組成は，単一の場合と複数種類の混用の場合がある．未知の試料が混用品である場合，いくつかの鑑別法を組み合わせて用いることになる．JIS L 1030-1[*1]には，燃焼試験，顕微鏡試験，薬品による試験，赤外吸収スペクトルによる試験等が規定されているが，ここでは主に顕微鏡試験，試薬に対する溶解性試験によって未知試料の鑑別を行う．

【試料】2種類の繊維による混用布

【器具】顕微鏡，スライドガラス，カバーガラス，スポイト，ガーゼ，断面観察用金属板，安全カミソリ，ナイロンテグス，ピンセット，試験管（径18 mm），ビーカー（100 mL），ガスバーナーなど．

【試薬】「溶解による鑑別」（p.16）と同じ．

【方法】

　①顕微鏡試験：「形態による鑑別」（p.10）を参照して繊維の側面および断面を観察する．このとき，試料が交織か混紡か，または交編かを確認する[*2]．

　交織のようにたて糸とよこ糸で繊維の種類が異なる場合は，これらを区別して実験を行う．綿はよじれ，麻は節，毛はスケールがあるため，側面で鑑別できる．レーヨンやアセテートは側面のすじと菊花状の断面が特徴的である．合成繊維は異形断面もあるため，形態観察では区別しにくいが，いずれも形態をスケッチして見当をつける．

　②各種試薬に対する溶解性試験：顕微鏡試験と燃焼試験[*3]の結果を踏まえて，効率よく鑑別できるように試薬を選択する（p.16「溶解による鑑別」参照）．試験管に試薬を4〜15 mLとり，その中に約10 mgの試料を入れ，所定の条件で処理し，溶解性を観察する．繊維の溶解は，まず繊維が膨潤し，繊維表面から溶けていく．この過程を継時的に観察し，溶解する繊維を見落とさないように注意する．なお，試薬の廃棄は指示に従うこと．

[*1]「繊維製品の混用率試験方法—第1部：繊維鑑別」には，以下の8つの試験が規定されている．
a) 燃焼試験，b) 繊維中の塩素の有無の試験，c) 繊維中の窒素の有無の試験，d) 顕微鏡試験，e) よう素-よう化カリウム溶液による着色試験，f) キサントプロテイン反応試験，g) 各種試薬に対する溶解性試験，h) 赤外線吸収スペクトルの測定試験．

[*2] 交織とは，織物でたて糸とよこ糸に，2種以上の異なる種類の糸を使用して織ること，混紡とは2種類以上の短繊維を混合し紡績すること，交編とは，2種類以上の異なる種類の糸を使用して編むことである．

[*3] 燃焼試験は交織など2種類の繊維を分離できる場合に有効である．p.14「燃焼による鑑別」を参照して，繊維の種類を推定する．

【結果】顕微鏡試験，溶解性試験の結果を総合して，鑑別結果を出す．その際，鑑別の手順を示し，鑑別結果の根拠を明確にする．

【考察】効率的な試料鑑別のしかたを，図112を参考に考えよう．

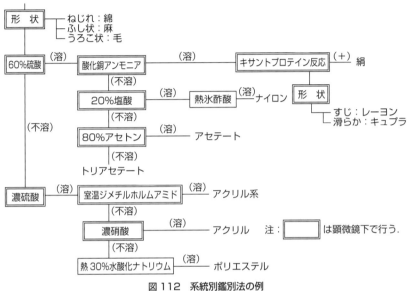

図112 系統別鑑別法の例

混用率

試料の混用率を測定する．JIS L 1030-2 では，繊維製品中に混用されている繊維の混用率を求める試験方法として，解じょ法[*4]，溶解法，顕微鏡法の3種類が規定されている．

【目的】溶解法を用いて混用率の測定を行う．混用繊維のうち一方を溶解し，他方を残留させる試薬を選択し，繊維の組成を重量パーセントで示す．

【試料】混用布（1 g 程度）

【器具】秤量瓶，共栓付き三角フラスコ，ビーカー，ガラス棒，ガラスフィルター，吸引瓶，アスピレーターなど

【試薬】溶解用試薬（表30 参照）

【前処理】市販の織物には油脂や加工剤が付着しているため，はじめにこれらを取り除く前処理[*5]を行う．必要ない場合には省略してよい．

【方法】準備として，試料を糸の状態にほぐし，長さ約 10 mm に切断する．

①試料の絶乾質量の測定：混用率の算出には，試料の絶乾質量が必要である．はじめに，秤量瓶の質量を測定する．秤量瓶に手の脂などがつかないよう，手袋をして扱う．次に秤量瓶に試料を入れ，ふたをはずした状態で 105℃±2℃ の乾燥機中で恒量[*6]になるまで乾燥させる．恒量になったら秤量瓶にふたをし，デシケータの中で放冷する．完全に放冷した後質量を測定する．また，ガラスフィルターの質量も測定しておく．

[*4] 解じょ法とは，組成繊維別に糸として分離する方法で，交織や交編の試料に用いる．

[*5] 前処理には以下の方法がある．
①ソックスレー抽出法：ソックスレー抽出装置の中に風乾した試料と石油エーテルを入れ，1 時間に 6 回以上循環するようにして 1 時間抽出する．抽出後，試料を放置して石油エーテルを蒸発させる．次に常温の水に 1 時間浸漬し，さらに 65℃±5℃ の温水に 1 時間以上浸漬し，時々液をかき混ぜる．浸漬の浴比は 100：1 とする．最後に絞って自然乾燥する．
②その他の抽出方法：ソックスレー抽出法で付着物が抽出できない場合は，以下の方法で除去する．
・絹，羊毛，アセテート以外の繊維では，試料の約100倍量の 0.5％無水炭酸ナトリウム溶液中に試料を入れ，沸騰水浴中で約 15 分間処理する．これを 60〜70℃ の温水中で 10 分間の洗浄を 2 回行い，その後水で洗浄する．
・毛またはポリエステルが混用されているものでは，試料を 100 倍量の約 0.3％非イオン界面活性剤水溶液に入れ，60〜70℃ でかき混ぜながら 15 分間処理する．処理後は水で十分に洗浄乾燥する．

[*6] p.56「水分率」の実験方法①を参照．

82　Ⅱ　応用編／1.繊維に関する実験

表30　繊維の溶解試薬

溶解繊維	残存繊維	補正係数 f	試薬の調製法	溶解手順
レーヨン，キュプラ	綿 亜麻（リネン） 苧麻（ラミー）	1.01 1.14 1.03	（60％硫酸法） 水約368 mLに濃硫酸343 mLを冷却してかきまぜなぜながら徐々に注入し，密度1.498（20℃）にする．	共栓付き三角フラスコに試験片と100倍量の60％硫酸（23～25℃）を入れ，10分激しく振とう→5分静置→5分振とうする．これを吸引ろ過し，残分を同量・同温の試薬および水で順次洗浄する．これを別のビーカーに移し，アンモニアで中和し[1]，再び吸引ろ過した後，残分を水で洗浄する．
綿，麻，レーヨン，キュプラ，アセテート	毛 ポリエステル，アクリル系	1.01 1.00	（70％硫酸法） 水約267 mLに濃硫酸400 mLを冷却してかき混ぜながら徐々に加え，密度1.610 g/mL（20℃）にする．	共栓付き三角フラスコに試験片と100倍量の70％硫酸（23～25℃）を入れ，10分以上振とうする．これを吸引ろ過し，残分を同量・同温の試薬および水で順次洗浄する．これを別のビーカーに移し，アンモニアで中和し[1]，再び吸引ろ過した後，残分を水で洗浄する．
ナイロン	綿 毛 麻 レーヨン キュプラ ポリエステル，アクリル，アクリル系	1.00 1.00 1.01 1.01 1.01 1.00	（20％塩酸法） 塩酸をほぼ同量の水で希釈し，密度1.102 g/mL（20℃）にする．	ビーカーに試験片と100倍量の20％塩酸を入れ，15分間時々かき混ぜる．これを吸引ろ過し，残分を同量・同温の試薬および水で順次洗浄する．これを別のビーカーに移し，アンモニアで中和し[1]，再び吸引ろ過した後，残分を水で洗浄する．
絹	毛	1.00	（35％塩酸法） 塩酸を水で希釈し，密度1.177 g/mL（20℃）とする．	ビーカーに試験片と100倍量の35％塩酸を入れ，15分間時々かき混ぜる．これを吸引ろ過し，残分を同量・同温の試薬および水で順次洗浄する．これを別のビーカーに移し，アンモニアで中和し[1]，再び吸引ろ過した後，残分を水で洗浄する．
毛	ポリエステル アクリル	1.01 1.00	（2.5％水酸化ナトリウム法） 水酸化ナトリウム25.7 gを水に溶解して約1 Lとし，密度1.026 g/mL（20℃）とする．	ビーカーに試験片と50倍量の2.5％水酸化ナトリウムを入れ，沸騰水浴中で20分間時々かき混ぜる．これを吸引ろ過し，残分を温水で洗浄する．これを別ビーカーに移し，希塩酸で中和し[2]，再び吸引ろ過した後，残分を水で洗浄する．
毛 絹	綿 レーヨン キュプラ ナイロン ビニロン	1.01 1.04 1.04 1.00 1.00	（5％水酸化ナトリウム法） 水酸化ナトリウム52.8 gを水に溶解して約1 Lとし，密度1.054 g/mL（20℃）とする．	ビーカーに試験片と50倍量の5％水酸化ナトリウムを入れ，沸騰水浴中で15分間時々かき混ぜる．これを吸引ろ過し，残分を温水で洗浄する．これを別のビーカーに移し，希塩酸で中和し[2]，再び吸引ろ過した後，残分を水で洗浄する．
アセテート	綿，毛，絹，麻，レーヨン，キュプラ，ナイロン，ビニロン，ポリエステル，アクリル	1.00	（100％アセトン法） 市販のアセトンをそのまま用いる．	共栓付き三角フラスコに試験片と100倍量の100％アセトンを入れ，振とう→室温で30分静置→フィルターに移す．アセトンの総処理時間が1時間になるようにさらに2回（全体で3回）の抽出を行う．15分ずつ繰り返し行う．試薬でフィルターの残分を洗い，吸引ろ過→試薬をフィルターに満たし，落滴がなくなるまで室温で30分静置→吸引ろ過する．

アクリル	綿	1.00	（温ジメチルホルムアミド	ビーカーに試験片と100倍量のジメチルホ
アクリル系	毛	1.02	法）	ルムアミド（40〜50℃）を入れ，20分間
	絹	1.00	市販のジメチルホルムアミ	時々かき混ぜる．吸引ろ過した後，残分を
	亜麻（リネン）	1.01	ドをそのまま用いる．	同量・同温のジメチルホルムアミドおよび
	苧麻（ラミー）	1.00		温水で順次洗浄する．
	レーヨン，キュプラ，	1.00		
	ビニロン，ポリエステル			

補正係数が1.00の場合は，質量が変化しないことを意味する．
1) 50倍量のアンモニア希釈液（約1%）で中和する．
2) 25倍量の希塩酸（約2%）で中和する．

②繊維の溶解：通常，組成の割合が大きい方または残留繊維の損傷が少ない繊維を最初に溶解除去する．繊維の組み合わせによって表30から溶解方法を選択し，それぞれの手順で溶解する．残留繊維はガラスフィルターごと絶対乾燥し，質量を測定する[*7].

*7 秤量瓶に入れて測定する場合は，溶解前の絶乾質量の測定と同様に行う．

③混用率の計算：混用率には，絶乾混用率と正量混用率がある．前者は絶乾質量から算出したもの，後者は公定水分率（表31）を考慮して算出したものである．また，溶解の操作によって残留繊維も減量していることがあり，その分は補正係数fを用いて補正する．質量が変化しない場合，fは1.00である．

絶乾混用率と正量混用率はそれぞれ次式で求める．

$$絶乾混用率：残留繊維（\%）=\frac{w_1 f_1}{W}\times 100$$

$$溶解繊維（\%）=100-残留繊維（\%）$$

$$正量混用率：残留繊維（\%）=\frac{w_1 f_1\left(1+\frac{r_1}{100}\right)}{w_1 f_1\left(1+\frac{r_1}{100}\right)+(W-w_1 f_1)\left(1+\frac{r_2}{100}\right)}\times 100$$

$$溶解繊維（\%）=100-残留繊維（\%）$$

ここで，W：溶解前の混用繊維の絶乾質量（g），w_1：溶解後の残留繊維の絶乾質量（g），f_1：残留繊維の補正係数，r_1：残留繊維の公定水分率（%），r_2：溶解繊維の公定水分率（%）．

表31　主な繊維の公定水分率

繊維の種類	公定水分率（%）
綿	8.5
羊毛	15.0
絹	12.0
亜麻，苧麻（ラミー）	12.0
レーヨン（ステープル）	11.0
アセテート（ステープル）	6.5
ナイロン	4.5
ポリエステル	0.4
アクリル	2.0

【結果】絶乾混用率，正量混用率を計算し，既知の組成の割合と比較する．
【考察】繊維製品には混用が多い．その目的はそれぞれの繊維の長所を生かし，欠点を補い合うためである．最も多い組み合わせの1つである綿とポリエステルの混紡品はどのような性質をもつか．また，本実験で用いた混用布の性質についても考察してみよう．

[花田美和子]

1.2 繊維の製造

キュプラ（銅アンモニアレーヨン）の製造

キュプラの繊維素はコットンリンターで，木材パルプを原料とするレーヨンやポリノジックなどと同じく再生セルロース繊維の一種である．コットンリンターを銅アンモニア溶液にいったん溶解させたのち酸で湿式紡糸すると，セルロースが凝固再生する．

【目的】キュプラ（銅アンモニアレーヨン）を合成することにより，湿式紡糸や再生繊維についての理解を深める．

【試料】脱脂綿

【試薬】硫酸銅（Ⅱ）五水和物，アンモニア水（28%），硫酸（96%），水酸化ナトリウム

【器具】ビーカー（または三角フラスコやサンプルびんなど），ガラス棒，メスフラスコ，ホールピペット，ピンセット，注射器・注射針，シャーレ（またはバットやビーカーなど）

【方法】

[銅アンモニア溶液（シュバイツァー試薬）の調製]

①アンモニア水 5 mL を 50 mL ビーカーに取り，硫酸銅（Ⅱ）五水和物 0.5 g を加え，ガラス棒で撹拌して溶かす．

②水酸化ナトリウム 0.16 g をビーカーに取り，少量の水で溶かしてから 10 mL メスフラスコに移し，標線まで水を入れ（メスアップ），8%水酸化ナトリウム水溶液を調製する．この溶液をホールピペットで 2 mL 取り，①に加え，撹拌する．

③溶液が透明な濃青色となり，銅アンモニア溶液（シュバイツァー試薬）ができる．

[紡糸液の調製]

④脱脂綿 0.1 g を細かく切り，③に少しずつ加え，完全に溶かす．

全体が均一で粘性を帯びた溶液になったら，注射器に移す．

[紡糸（図 113）]

⑥硫酸を 11 mL はかりとり，水を 80〜90 mL ほど入れておいたビーカーに少しずつ加える[*1]．熱が取れたら 100 mL メスフラスコに移しメスアップする．シャーレに適量移し，紡糸浴[*2]とする．

⑦紡糸液を硫酸浴中に押し出しながら，ピンセットで引き延ばす．

⑧しばらく静置し，凝固した繊維の青色が抜けたら水で洗浄し，ろ紙に挟み自然乾燥させる．

【結果】反応の流れを理解し，得られた繊維を観察する．

反応式：

・現在，世界でキュプラの工業生産を行っているのは旭化成株式会社 1 社のみである（商標名ベンベルク®）．

実験上の注意

・ドラフト内で行うなど換気を十分に行う．

・保護メガネと手袋の着用が望ましい．

・廃液処理を適切に行う．

・固体の水酸化ナトリウムは潮解性が高いため，すばやくはかり取ること．

・市販の 2 mol/L 水酸化ナトリウム水溶液を 2 mL 使用しても良い．

・硫酸銅（Ⅱ）五水和物の代わりに銅紛を用いる方法もある．

三角フラスコに銅紛とアンモニア水を入れ，栓をして 5 分ほどよく振った後栓を開けて新しい空気を入れる操作を 3 回ほど繰り返し，銅アンモニア溶液を得る．

[*1] 必ず水を先に入れてから硫酸を加えること．順番を間違えると突沸し，熱い硫酸がはねるため，危険である．

[*2] 市販の 2 mol/L 硫酸を紡糸浴に使用しても良い．

$$2(C_6H_9O_5)_n + n[Cu(NH_3)_4](OH)_2$$
コットンリンター（主成分セルロース）　　　銅アンモニア溶液

$$\rightarrow \{(C_6H_9O_5)_2[Cu(NH_3)_4]\}_n + 2nH_2O$$
　　　　紡糸液

$$\{(C_6H_9O_5)_2[Cu(NH_3)_4]\}_n + 3nH_2SO_4$$
　　　紡糸液　　　　　　　　　希硫酸

$$\rightarrow 2(C_6H_9O_5)_n + nCuSO_4 + 2n(NH_4)_2SO_4$$
キュプラ（再生セルロース）

図113　キュプラの紡糸

試料（コットンリンター）と生成物（キュプラ）の繊維長は異なるが，主成分は同じセルロースである．

【考察】
①凝固液中で紡糸液の青色が抜けたのはなぜか．
②湿式紡糸で紡糸される繊維は他に何があるか．
③再生繊維の種類を挙げ，それらの繊維素や特性を示す．

ナイロン66の合成

ナイロンはポリエステルやアクリルと共に三大合成繊維の1つで，軽量で強度が高いなどの性質をもつ．ここでは世界初の合成繊維であるナイロン66について，重合の様子が観察しやすい実験室的手法で合成を行う．

【目的】ジアミンとジカルボン酸の界面重縮合反応によりポリアミドであるナイロン66を生成し，合成繊維の製造について理解を深める．

【試薬】アジピン酸ジクロリド，ヘキサメチレンジアミン，水酸化ナトリウム（または無水炭酸ナトリウム），ヘキサン（または四塩化炭素），エタノール（またはアセトン）

【器具】ビーカー，ガラス棒，ピンセット，ピペット，メスシリンダー，巻き取り用の試験管など

【方法】

①50 mLビーカーに水20 mLを入れ，ヘキサメチレンジアミン1 mLと水酸化ナトリウム0.5 gを加え，ガラス棒で攪拌し溶解する．ヘキサメチレンジアミンが固まっている場合は，湯煎（40～50℃）してからピペットではかり取ればよい．これをA液とする．

②別の50 mLビーカーにヘキサン20 mLを入れ，アジピン酸ジクロリド1 mLを加えてガラス棒で攪拌し溶かす．これをB液とする．

③A液にB液をビーカーの内壁を伝わらせながら静かに加える．溶け残りがある場合は上澄みのみを加えること．界面を乱さないように注意する．

④界面に生成した膜の中心付近をピンセットで静かに引き上げ，試験管などに巻き取る（図114）．

⑤エタノールですすいだあと，水で洗浄し，ろ紙に挟んで自然乾燥させ

実験上の注意
・ドラフト内で行うなど換気を十分に行う．
・保護メガネと手袋の着用が望ましい．
・廃液処理を適切に行う．
・工業的な重合は溶融重合で実施される．

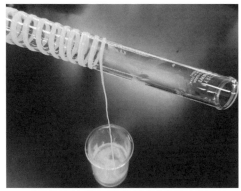

図 114　ナイロン 66 の合成

る．
【結果】
　①2つに分かれた液層の各成分と生成物の名称を図 115 中に示す．また，各溶液が水層であるか有機層であるか書き加える．

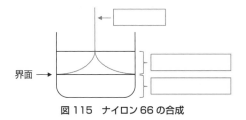

図 115　ナイロン 66 の合成

　②反応の流れを理解し，得られた繊維を観察する．
　反応式：

$$n\text{H}_2\text{N}(\text{CH}_2)_6\text{NH}_2 + n\text{ClCO}(\text{CH}_2)_4\text{COCl}$$
　　　　ヘキサメチレンジアミン　　　　アジピン酸ジクロリド

$$\rightarrow -[\text{NH}(\text{CH}_2)_6\text{NHCO}(\text{CH}_2)4\text{CO}-]_n + 2n\text{HCl}$$
　　　　　　　　　ナイロン 66

ヘキサメチレンジアミンとアジピン酸ジクロリドがアミド結合（-CONH-）により縮合重合し，界面にナイロン 66 のポリマーが生成する．

【考察】
　①水酸化ナトリウムを用いたのはなぜか．
　②A 液に B 液を注ぐ順であるのはなぜか．
　③縮合重合反応と付加重合反応との違いを理解できたか．
　④ナイロン 66 の他にもナイロン 6 やナイロン 12，ナイロン 610 などの種類がある．ナイロンの後に示す数字の意味は何か．
　⑤ナイロンはどのような染料で染色できるか．絹や羊毛との化学構造上の類似点を上げ，考察する．

【参考】
　①合成自体には必要ないが，A液にアルカリ性で呈色する指示薬（フェノールフタレインなど）を1滴加えると，界面が見やすくなる．
　②生成した繊維の一部をアルミニウム箔に載せ，ホットプレートやバーナーで加熱溶融させ，ガラス棒の先端を付けて引っ張ると，延伸により細く丈夫な繊維となることがわかる．

ビニロンの製造

　ビニロンは日本初の合成繊維である．耐摩耗性や強度に優れることに加え，合成繊維であるにもかかわらず親水性で適度な吸湿性をもつ．現在では，一般衣料用よりも作業服，ロープ・漁網や産業資材，刺繍やレースの基材などとして使用されることが多い．また近年，石綿（アスベスト）に代わるセメントやコンクリートの補強材として再注目されている．

【目的】ポリビニルアルコールを湿式紡糸法により繊維化し，アセタール化を施すことでビニロンが製造される原理について理解を深める．

【試薬】ポリビニルアルコール（PVA）（重合度1000～1500程度），ホルムアルデヒド液，硫酸，硫酸ナトリウム

【器具】ビーカー，共栓付き三角フラスコ，ガラス棒，ピンセット，注射器・注射針，バット，メスシリンダー，温度計，恒温乾燥器，恒温槽（ウォーターバス）

【方法】
　①紡糸原液の調製：50 mLビーカーにPVA約3 gと水を20 mLとり，ガラス棒で撹拌して完全に溶かし，PVA 15～20%水溶液を調製する．溶けにくい場合は，ホットスターラーや湯浴などで加熱する．けん化度や重合度により水への溶解性が異なるので，適宜調整する．
　②凝固浴の調製：硫酸ナトリウム30～40%水溶液を300～500 mL調製し，凝固浴とする．浴の濃度は紡糸原液の濃度に応じて調整する．50℃程度に温め，バットに移す．
　③紡糸：紡糸原液を注射器に移し，ピンセットで引き出しながら凝固浴中に押し出し，ガラス棒などに巻き取る（図116）．凝固に時間がかかるため，紡糸は少しずつ行い，凝固浴は長い方がよい．巻き取ったPVA繊維を恒温乾燥器に入れ，180～200℃で数分，熱処理する．

図116　ビニロンの紡糸

・PVAはビニルアルコールをモノマーとして重合したものではなく，酢酸ビニルを付加重合させて合成したポリ酢酸ビニルを加水分解して合成される．ビニルアルコールは非常に不安定で物質として扱うことができないためである．

・PVAが手に入らなければ，市販のゲル状のPVA合成洗濯糊（PVA濃度が比較的高いものがよい）を紡糸原液として代用することもできる．

・PVA中の酢酸基と水酸基の合計数に対する水酸基の割合をけん化度という．

・けん化度や重合度の上昇にしたがい溶解性は低下する傾向にある．

④アセタール化（ホルマール化，図117）：共栓付き三角フラスコで水9 mLに硫酸3 mLを加えて攪拌し（必ず水を先に入れておくこと），さらに無水硫酸ナトリウム3 g, ホルムアルデヒド液2.5 mLを加え，処理液とする．処理液は湯浴中で40～50℃に保温しておく．乾燥したPVA繊維を処理液に浸せきし，栓をしたまま約30分振とうしながら処理する．繊維を取り出し，水で洗浄し，ろ紙に挟んで自然乾燥させる．

図117　ビニロンの製造（アセタール化）

【結果】

①反応の流れを理解し，得られた繊維を観察せよ．

PVAの全−OH基（水酸基，ヒドロキシ基）に対し，−CH$_2$−の架橋をつくり環状エーテル（アセタール）を形成した−OH基の割合をアセタール化度という．ビニロンでは通常30～40％である．例えば丸で囲んだ−OH基の部分がアセタール化されたとすると，下のような化学構造となる．

実験上の注意
・ドラフト内で行うなど換気を十分に行う．
・保護メガネと手袋の着用が望ましい．
・廃液処理を適切に行う．

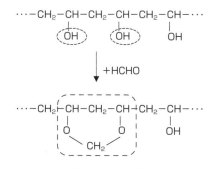

②沸騰水中にアセタール化前のPVA繊維とアセタール化後のビニロン繊維の一部を入れると，どのような挙動となるか確認せよ．

【考察】

①紡糸後，熱処理を行う目的は何か．

②PVA繊維におけるアセタール化の意味は何か．

③合成繊維であるビニロンに適度な吸湿性があるのはなぜか．

[雨宮敏子]

1.3 繊維の引張特性2

【目的】基礎編（p.22）では繊維の引張特性に関して，単位太さあたりの切断荷重である引張強さと切断時の伸び率について測定した．ここでは，引張試験で得られる荷重-伸長曲線を用いて，繊維のヤング率と切断に要するエネルギーについて検討する．また，繊維の引張に対する回復性などについても考える．

【試料】羊毛，およびレーヨン，ポリエステル，ナイロンなどの化学繊維

ヤング率と破断仕事量

【機器】定速伸長形引張試験機

【方法】

①引張試験機により，繊維の引張試験をp.22と同様の条件で行い，付属の記録計により，縦軸に引張荷重，横軸に伸びをとった図118のような曲線を得る．この曲線を荷重-伸長曲線という．

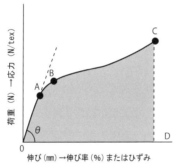

図118 荷重-伸長曲線（応力-ひずみ曲線）

②この曲線を，縦軸は荷重を繊維の太さ（あるいは断面積）で除した値である応力に，横軸は最初の繊維の長さ（試験長）から伸びた長さを元の長さで除した値であるひずみ（百分率にした場合は伸び率）に基準化して，応力-ひずみ曲線（stress-strain curve, S-S カーブ）にする．

③応力-ひずみ曲線から，引張強さと伸び率（p.22参照），ヤング率，破断（切断）仕事量（破断エネルギー）を求める．

【解説】

①応力-ひずみ曲線（荷重-伸長曲線）：図118において，OA間は応力（荷重）と伸びが比例関係にあり，フックの法則が成り立つ部分である．B点の辺りから伸びに対する応力（荷重）の増加が小さくなる．B点を降伏点という．B点に到達する前に外力を取り除けば，変形は回復する．そのまま引っ張り続けると，C点で切断に至る．

②ヤング率と破断仕事量：ヤング率は初期引張抵抗度ともいい，フックの法則が適用できる範囲で繊維に一定量変形させるのに，どの程度の力が必要かを示すものである．図118に示すように応力-ひずみ曲線の立ち上がり（OA）に接線を引き，その傾き（tan θ）がヤング率である．ヤング率 E を次式*で求める．

$$E\ (\mathrm{N/tex}) = \frac{応力\ (\mathrm{N/tex})}{ひずみ\ (無次元)}$$

*Nとtexは，cNとdtexでもよい．

破断仕事量は繊維の丈夫さ（強靭さ，タフネス）を表しており，この曲線で囲まれたOCDの面積で求められる（グレーで示した部分）．面積はプラニメーターにより求める．

【結果】切断時の引張強さと伸び率，ヤング率，破断仕事量を表にまとめる．

【考察】

①主な繊維の応力-ひずみ曲線の例を図119に示す．この曲線から繊維の強さ，伸び，ヤング率，丈夫さなどがわかるわけだが，今回測定した繊維はどのようなタイプの繊維なのだろうか．「柔らかくて弱い」，「かたくてもろい」，「かたくて強い」，「柔らかくて丈夫」，「かたくて丈夫」などのタイプに分類して考えてみる．

②上記のように繊維の種類によって引張特性が異なる理由を，繊維の構造の面から考察する．

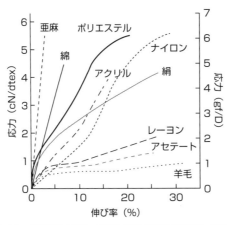

図119　各種繊維の応力-ひずみ曲線（繊維学会監修，2016）

【参考】

① p.23と同様の湿潤時試験や，引張速度を変化させた条件などについても測定してみるとよい．

②繊維の構造は，当然のことながら繊維性能に影響する．未延伸糸や延伸比の異なる延伸糸を入手し，延伸操作と繊維の引張特性との関連について実験，検討する．

伸長弾性率

【試料】各種化学繊維

【方法】

　①p.22と同様の方法で，引張試験機のつかみに取り付ける[*1]．引張速度は2 mm/min あるいは 10 mm/min（つかみ間隔の10%または50%）とし，6 mm（試験長の3%）まで引き伸ばし，1分間そのまま保持する[*2]．

　②同速度で荷重を取り除き（つかみを元の位置に戻していく），3分間保持する[*2]．

　③再び，同速度で6 mmまで引っ張り，荷重-伸長曲線を得る（p.96の図125参照）．

[*1] 必要な場合は，つかみ間隔を50 mmとしてもよい．

[*2] JIS L 1015のB法で規定されている方法．A法では試験長の3%まで引き伸ばした後，ただちに同じ速度で荷重を取り除き，2分間保持する．

【結果】

　①次式により，回復時間が3分の場合の伸長弾性率を求める．

$$伸長弾性率（\%）=\frac{l-l_1}{l}\times100$$

　ここで，lは6 mm（3%の伸び），l_1は残留伸び（mm）である．なお，この回復には瞬間弾性回復と遅れ弾性回復の両方が含まれている．

【考察】繊維の伸長弾性率は布のどのような性能と関係しているか．身近なことから考えてみよう．

【参考】

　①繊維に一定のひずみを与えたまま放っておくと，時間の経過とともに次第にかかっている力が減少する．この現象を応力緩和という[*3]．

　②ナイロンテグス（ナイロンモノフィラメント）を使ってクリープ現象を観察してみよう．

[*3] JIS L 1096では布の応力緩和率の測定法が規定されている（p.96参照）．

　机の上にスタンドを置き，そのアームにテグスを結び付け，下方には試験長が1 mになるようにクリップを付けて垂らす．50 gの分銅をぶら下げ，直後，5秒，10秒，30秒，1分，5分，10分，20分，30分におけるテグスの伸びを測定する．分銅を外し，その直後から同様の時間の間隔で，回復していく長さを測定する．

　横軸に時間，縦軸に伸び率をプロットし，瞬間弾性変形，遅れ弾性変形，瞬間弾性回復，遅れ弾性変形の回復（一次クリープ），永久変形を求めるとよい．

　③私たちは日ごろ，衣服を着用している際に布の応力緩和を感じているはずだが，それはどのようなことだろうか．

　④応力緩和とクリープの違いを調べる．

[松梨久仁子]

1.4 繊維の比重（密度）

【目的】繊維の比重（密度）は 0.9 から 1.7 程度までの幅があり，繊維の種類によってかなりの違いがある．そのため，比重を測定することにより繊維鑑別が可能である．繊維の比重（密度）測定には，浮沈法や密度こうばい管法などがある．ここでは，浮沈法（簡便法）を用いて繊維の比重を測定する．

【試料】各種繊維（レーヨン，キュプラ，アセテート，ナイロン，ポリエステル，アクリル，ポリプロピレンなど）

【試薬】重液として四塩化炭素（比重：1.594），軽液としてキシレン（比重：0.863）[*1]

[*1] 使用する重液と軽液は，JIS L 1013 および 1015 においては表 32 に示す薬品が規定されている．

【器具】試験管，試験管立て，ピペット，ピペッター，ガラス棒，ラップ，比重瓶（ピクノメータ）など

【方法】

①試料が布の場合は糸の状態にほぐし，5 ～ 10 mm 程度に切断する．繊維の場合も 5 ～ 10 mm 程度に切断する．絶乾させるのが望ましい．

②四塩化炭素とキシレンを混合し，比重測定用の混合液を作る．

表32 重液と軽液

対象繊維	重液	軽液
ポリプロピレン	水	エタノール
ポリエステル	パークロロエチレン	n-ヘプタン
その他	パークロロエチレン	トルエン

③試験管に軽液を 5 mL とり，試料を 3 枚入れる．試料は沈んでいるが，そこに重液を少量加え，ガラス棒でよく撹拌する．試料が沈んだままであれば，さらに重液を加えて撹拌し，試料が浮き上がってくるまでこの操作を繰り返す．

④試料が混合液中の真ん中あたりにとどまっていれば（浮沈平衡状態），この混合液の比重は繊維の比重と同じである．

⑤ 30 分程度放置し，試料の浮沈状態を観察する．その状態によって重液あるいは軽液を適量追加し，試料が浮沈平衡状態になるように液の比重を調整する．

⑥この混合液の比重を，比重びんで測定する．比重びんを使わない場合は，使用した重液と軽液の量から，混合液の比重を計算する．

$$混合液の比重 = \frac{aV_1 + bV_2}{V_1 + V_2}$$

ここで，a は重液の比重，b は軽液の比重，V_1 は重液の量（mL），V_2 は軽液の量（mL）である[*2]．

[*2] この実験では，a には四塩化炭素の比重 1.594，b にはキシレンの比重 0.863 を代入する．

実験上の注意
使用する試薬は揮発しやすいので，液の調整作業時以外はラップで試験管をふさぎ，吸入しないように気を付ける．

【考察】

①各種繊維の比重を表 33 に示す．測定した比重の結果と比較してみよう．

②比重が小さい繊維と大きい繊維では，衣服などの製品になった場合，

どのような違いが出るだろうか．布の見かけ比重，繊維の密度，布の充填率・含気率の関係も併せて考えてみる．

③密度と比重の違いについて理解する．密度は単位体積当たりの質量であり，単位は g/cm^3 や kgf/m^3 である．それに対し比重は，基準となる物質の密度を1としたときの，ある物質の密度の比である．通常，4℃の水を基準の1とする．4℃の水1 cm^3 の質量はほぼ1gであるので，その密度は約1 g/cm^3 である．そのため，比重と密度の値は同じと考えてもよい．なお，比重は密度を密度で割るので単位はなく無次元である．

表33 各繊維の比重

繊維	比重
綿	1.54
羊毛	1.32
絹	1.33～1.45
麻	1.5
レーヨン	1.50～1.52
キュプラ	1.50
アセテート	1.32
トリアセテート	1.30
ナイロン	1.14
ポリエステル	1.38
アクリル	1.14～1.17
アクリル系	1.28

【参考】
1) 水，食塩水を用いる方法
試料が水に浮くか，様々な濃度に調製した食塩水に対してもそれぞれ浮くか沈むかにより，ある程度，比重が確認できる．

2) 密度こうばい管法による密度測定
①恒温槽中（20℃に設定）にガラスシリンダーを立て，重液（ここでは四塩化炭素）20 mL をガラス製円筒に注ぎ，次に四塩化炭素19 mL と軽液（ここではキシレン）1 mL をよく攪拌しその混合液を注ぎ入れる[*3]．さらに四塩化炭素18 mL とキシレン2 mL の混合液を入れ，最後はキシレン20 mL を入れる．注ぐ際には，少しずつ混合液をシリンダーの壁に伝わらせて，下の液と混ざらないように液を重ねていく（液の量はシリンダーのサイズにより調整が必要）．これを密度こうばい管とする．

②液が安定したら密度の異なる標準フロート（5個程度）を投入し，フロートの位置が安定してから密度こうばい管（図120）の目盛りを読む．

③縦軸にフロートの密度，横軸に目盛りの値を取り，図121に示すグラフを作成する．このグラフを密度補正曲線（あるいは密度校正曲線）という[*4]．

④繊維試料を密度こうばい管に投入する．繊維は徐々に沈んでいくので，繊維が液の中で平衡位置に静止してから目盛りを読む[*5]．

⑤密度補正曲線から，試料の密度（g/cm^3）を読み取る．　　［松梨久仁子］

[*3] JIS L 1013 および 1015 では，あらかじめ調整した低密度液と高密度液を使って密度こうばい管を作るよう規定されている．

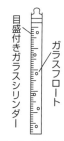

図120 密度こうばい管

[*4] 密度こうばい管がうまく作れていれば，密度補正曲線は直線になる．

[*5] 繊維の位置が安定するまでには，長時間を要する．少なくとも30分以上経過の後，目盛を読む．

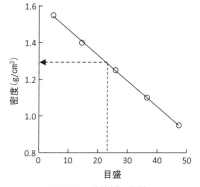

図121 密度補正曲線

2. 布に関する実験

引張特性

織物の強さを表す方法の1つとして引張強さがある．織物に引っ張る力を加えると織物は伸長する．さらに力を加えると織物は切断する．標準時と湿潤時の引張強さの試験方法には，いずれも A 法（ストリップ法），B 法（グラブ法）がある．

ストリップ法は，ラベルドストリップ法，カットストリップ法に分類できる．カットストリップ法は，糸を抜き取ることができない起毛布などに利用し，カットした試験片をそのまま使用する方法である．

グラブ法はつかみ間隔が短く，つかみ幅もせまいこともあり，引張時のねじれ，せん断が起きにくいので，伸縮性のある生地については，グラブ法が用いられる．ここでは，A 法のストリップ法について示す（表 34，図 122）．

表 34 ストリップ法の試験片の大きさと試験条件

試験機	織物	採取時の試験片の大きさ (mm)	試験片の幅 (mm)	試験片の枚数	つかみ間隔 (mm)	引張速度 (mm/min)
定速伸長形	一般の織物	55×300	50	3	200	1分間当たりつかみ間隔の約50%または100%の伸長速度
		30×200	25		100	

重布類については，密度により試験片の大きさが変わるので JIS L 1096 を参照すること．

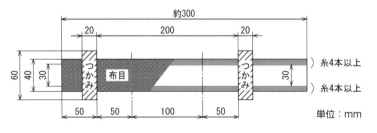

定速伸長形引張試験機（インストロン形）
（島津製作所「オートグラフ AGS-X シリーズ」カタログより）

図 122 ストリップ法

1) 引張強さおよび伸び率（ストリップ法）

【目的】織物のたて方向・よこ方向に引っ張ったときの力，伸びを検討する．

【試料】各種織物（綿，毛，ポリエステル，ナイロン，アクリルなど）試料は，たて方向，よこ方向のそれぞれ3枚ずつ表34に示すいずれかの大きさのものを用いる．ここでは約55×300 mmの大きさのものを用意する．採取時の試験片の幅の両側からほぼ同数の糸を取り除いて50 mm幅とする（表34，p.42図54参照）．

【機器】定速伸長形引張試験機（インストロン形，図122）を用いる．

【方法】初荷重（10 mの試料に相当する重さ）を加え，上部，下部を200 mm間隔で試験片をつかみ，1分間あたりのつかみ間隔の約50％または100％の引張速度で引っ張り，切断時の強さN（kgf）および伸び率（％）を算出する．つかみから1 cm以内で切断したものや，異常に切断されたものは除く．

$$伸び率（％）= \frac{切断時のつかみ間隔の長さ（mm）- 200 \text{ mm}}{200 \text{ mm}} \times 100$$

$$= \frac{伸びの長さ（mm）}{200 \text{ mm}} \times 100$$

【結果】たて方向，よこ方向各3回の平均値で表す（有効数字3桁）．織物の荷重-伸長曲線を求める（例：図123）．

【考察】繊維の種類，糸の構造，織組織などにより荷重-伸長曲線の形が異なる．これらのことを関連させながら考察する．

2）伸長弾性率と応力緩和率

衣服は，着用の動作による外力によって変形し，外力を除くと変形から回復する．変形から回復しなければ歪が残り，型崩れやしわの原因になる．変形からの回復は，被服材料の弾性的な性質と深くかかわっている．伸長変形の回復については，伸長弾性率を求めることにより検討する．一定の歪を与え放置し，時間とともに応力が減少する様子については，応力緩和を求めることにより検討する．

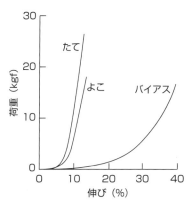

図123　荷重-伸長曲線のモデル（綿ブロード）
（島崎編，2009より引用して改変）

[伸長弾性率A法（定率伸長時伸長弾性率），1回法および繰返し法]

【目的】荷重-伸長曲線から伸長弾性率を求め，伸長変形の回復について検討する．

【試料】各種織物．55×300 mm（ストリップ法），たて方向，よこ方向ともに各3枚採取する．試験片の両端から糸を取り除いて幅50 mmとする．

【機器】自記記録装置付定速伸長形引張試験機（インストロン形）を用いる．

【方法】

①初荷重（10 mの試料に相当する重さ）を加え，つかみ間隔を200 mm，引張速度は1分間あたりつかみ間隔の10％で一定伸び（原長の103

％または 105％）まで引き伸ばし，1分間保持する．
　②次に，同じ速度で荷重を取り除き，3分間保持後，再び同じ速度で一定伸びまで引き伸ばす．
　③記録した荷重-伸長曲線（図 124）から残留伸びを測る．

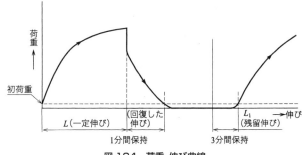
図 124　荷重-伸び曲線

【結果】次の式で伸長弾性率を求め，たて方向，よこ方向，それぞれ 3 回の平均値を算出し，整数値で求める．

$$伸長弾性率（\%）= \frac{L - L_1}{L} \times 100$$

　L：一定伸び（mm），L_1：残留伸び（mm）

【考察】繊維素材，織組織，たて方向，よこ方向の違いによる伸長弾性率を考察する．

[応力緩和率 A 法（1 回荷重法および繰返し荷重法）]
【目的】応力緩和率を求め一定の歪みを与え放置し，時間とともに応力が減少する様子を観察する．
【試料】各種織物．5.5 cm×30 cm（ストリップ法），たて方向，よこ方向ともに各 3 枚採取する．試験片の両端から糸を取り除いて 5 cm とする．
【機器】自記記録装置付定速伸長形引張試験機（インストロン形）を用いる．
【方法】
　①初荷重（10 m の試料に相当する重さ）を加え，つかみ間隔を 200 mm になるように試験片を取り付け，1 分間あたりつかみ間隔の 100％の引張速度で p.95 で求めた伸びの 80％まで試験片を引き伸ばす．
　②10 分間保持後，図 125 の荷重-伸長曲線を描く．
【結果】次式により応力緩和率を求める．3 回の平均値を算出し，小数点第 1 位まで求める．

$$応力緩和率（\%）= \frac{T_0 - T_1}{T_0} \times 100$$

　T_0：伸びの 80％まで試験片を引き伸ばしたときの荷重 N（kgf），
　T_1：10 分間放置後の荷重 N（kgf）．

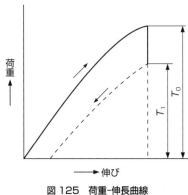
図 125　荷重-伸長曲線

【考察】繊維の種類，織物の組織，たて，よこ方向における応力緩和の違いを考察する．
　なぜ，応力緩和の現象が起こるのかについても考察する．

ピリング

ピリングとは，表面に毛玉（ピル）が発生することである．毛玉は，着用や洗濯による摩擦によって表面の毛羽が絡み合い，小さな球状の塊（毛玉）が生じた状態をいう．

1) ICI形試験機を用いる方法（A法）

【目的】ICI法によるピリング試験方法と判定写真による評価方法を理解する．

【試料】各種織物，編物100×120 mmの試料をたて，よこ方向各2枚採取する．

【機器】ICI形ピリング試験機を用いる．

【方法】図126に示すゴム管に巻いた試料を作成する．

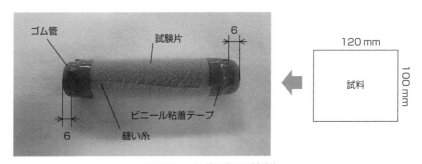

図126 ゴム管に巻いた試験片

①採取した試料をゴム管に巻き付ける（ゴム管の直径310 mm，長さ150 mm）．このとき張力を与えないようにする．

②試料は重ならないように余分な部分は切り取り，縫い糸で縫いつける．

③両端は，幅約19 mmのビニール粘着テープでゴム管の両端が約6 mm出るように止める．

④ゴム管に巻いた試料を4個1組として図127に示す回転箱に入れ，毎分60回転±2の回転速度で，織物10時間，編物5時間回転させる．

【結果】回転箱から取り出し，図128のピリング判定写真（織物および編物）により5級〜1級に比較判定する．4枚試料の判定等級の平均値で表す．

図127 ICI形ピリング試験機

【考察】紡績糸，フィラメント糸，糸のよりや繊維の強さとの関係からピルの発生量の違いを考察する．また，ピルの発生量と脱落量についても考察する．

2) ランダム・タンブル形試験機を用いる方法（D法）

【目的】ランダム・タンブリングによるピリング試験方法[*1]と判定写真に

[*1] ランダム・タンブル形試験機による60分間の試験は，実際の着用の300時間に相当するといわれている．

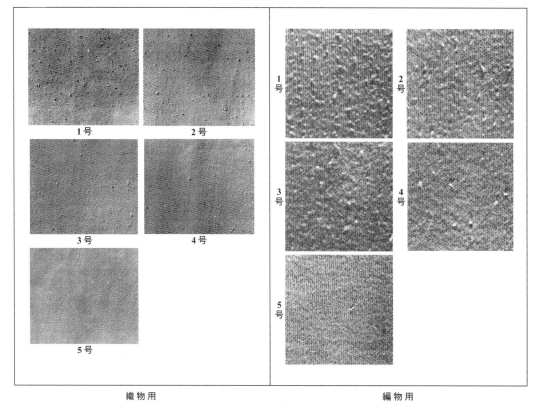

織物用　　　　　　　　　　　　　編物用

図128　ピリング判定写真（JIS）

よる評価方法を理解する．

【試料】各種織物，編物45°バイアス方向106×106 mm 3枚以上採取する．試験片の周りに3 mmを超えない幅で合成ゴム接着剤を付け，固めてほつれないようにする（図129）．

【機器】ランダム・タンブリング形試験機を用いる．

クロロプレン・シートまたはコルク・シートを円筒に内貼りし，回転させる．

クロロプレン・シートとコルク・シートについてはJIS L 1026を参照する．

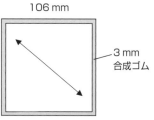

図129　試験片

【方法】

①試験機（図130）の円筒内壁にクロロプレン・シート，またはコルク・シートをはめ込む．

②3枚の試験片を円筒に入れてふたをする．

③毎分1200回転で羽を回転させ，30分操作する．

【結果】たて糸回転箱から取り出し，ICI法（A

図130　ランダム・タンブル形試験機

法）と同様，図128のピリング判定写真により比較判定する．試験片3枚の判定等級の平均値で表す．

【考察】紡績糸，フィラメント糸，糸のよりや繊維の強さとの比較からピルの発生量の違いを考察する．また，ピルの発生量と脱落量についても考察する．ICI法とピリング試験方法によるピル発生状態を比較してみる．

スナッグ

スナッグは，構成する繊維または糸が，引っ掛かりによって生地表面から突出し，ループ状，ピル状，引きつれなどを起こすことである．スナッグは，糸相互が滑りやすいフィラメント糸使いの比較的密度の粗い生地に発生しやすい．

ICI形メース試験機法（A法）

【目的】ICI形メース試験機（図131）を用いたスナッグ試験方法とスナッグ判定標準写真（JIS L 1058）における評価方法を理解する．

【試料】各種織物，編物．試験片の大きさを表35に示す．

【機器】ICI形メース試験機を用いる．

【方法】

①試験片を円筒状に縫い，表を外側にし，回転シリンダにフェルトを下敷きにしてはめる．このとき，円筒状に縫った縫い代は，縫目を平滑にするため，縫い代を開いた状態で，回転シリンダにはめる．

②試験片の両側をゴムリングなどで固定する．

③メース（スパイクボール）を試験片の上に置き，100回転させる．固定された鎖に取り付けられたメースは，誘導ロッドで運動を抑制され，試験片の組織に釘をくい込ませながらランダムに転がり，組織から糸を引き出す．

図131 メース試験機

表35 メース試験法の試料の大きさ

	試験片の大きさ （両側の縫い代）	円筒にした状態の 試験片の幅×円周
織物	200×330 mm （25 mm）	200×280 mm
編物	200×330 mm （30 mm）	200×270 mm

④たて・よこ方向の試験片2枚について試験し，試験片を判定板にはめ，判定用キャビネットに挿入して判定を行う．

【結果】判定は，スナッグ判定標準写真（JIS L 1058参照）と比較して，判定基準により5～1に判定する．このとき，スナッグの長さは問題にせず，スナッグ量だけで判定する．

【考察】フィラメント糸と紡績糸の比較，糸の太さ，織組織，編組織，織密度などとスナッグの発生しやすさの関係を考察する．　　　　　　［平井郁子］

燃 焼 性

被服や繊維製品の燃焼性は繊維の種類によって異なる．安全性の面からこれらの燃焼性を把握することは重要である．

【目的】JIS L 1091 では，繊維の燃焼性試験方法として，燃焼試験，表面燃焼試験，燃焼速度試験，酸素指数法試験の4つを規定している．これらはいずれも安全性に関する試験である．ここでは，燃焼性試験の中の45°ミクロバーナー法と酸素指数法で繊維の燃焼性を確認する．

【試料】各種布地（綿，毛，ポリエステル），難燃・防炎加工布など

【機器】45°燃焼性試験器など

1) 45°ミクロバーナー法

薄地の繊維製品（カーテンおよび幕類）の燃焼性評価に適している．図132のように試験片を45°の角度で固定し，1分間加熱した時の残炎時間と残じん時間，炭化面積を測定する．

【方法】試験片は約 350 mm×250 mm とし，たて・よこそれぞれ3枚採取する．

①燃焼試験器の所定の位置にバーナーを置き，支持枠を取り付けない状態で，炎の長さを45 mm に調節する．

②試験片を支持枠にたるみのないように挟み，これを燃焼箱に取り付け，1分間加熱し，残炎時間（秒），残じん時間（秒）を測定する．残炎時間とは，加熱終了時から試験片が炎を発生し続ける時間の長さ．残じん時間とは，加熱終了後，または試験片の炎が消えた後の赤熱が持続する時間の長さのことである．

③試験片を支持枠から外し，プラニメータ等を用い炭化面積 (cm^2) を整数位まで測定する．

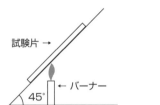

図 132　45°燃焼性試験器（上）と概略図（下）

④1分間の加熱中に着炎するものについては，別にたて・よこそれぞれ2枚の試験片について，着炎時間3秒で炎を除く試験を行い，同様の測定をする．ただし，この場合は加熱時間を付記する．

【結果】試験結果は，炭化面積 (cm^2) の最大のもの，残炎時間（秒），残じん時間（秒）の最長のもので表す．

2) 酸素指数法

酸素指数によって，繊維の燃焼性を測定する方法である（図133）．酸素指数は難燃性の尺度として用いられる．空気の酸素濃度は約21%であり，これより小さいものは燃えやすいと考えられる．逆に大きいものは通常の空気中では燃焼を続けられないため，燃えにくいと判断できる．一般には

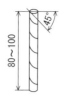

図133 酸素指数方式燃焼性試験器（左）と試験片（右）

酸素指数26以上のものが難燃性と呼ばれている．
【試料】各種布地（一般的な繊維，難燃性繊維），難燃加工布など
【機器】酸素指数方式燃焼性試験器（図133左）
【方法】酸素と窒素の混合ガスを用い，こより状に密に巻き上げた試料（図133右）が燃焼を持続するのに必要な最低の酸素の割合をもとめる．詳しい実験方法はJIS L 1091参照のこと．
【結果】酸素指数O.I.を，以下の式でもとめる．

$$\mathrm{O.I.} = \frac{[\mathrm{O_2}]}{[\mathrm{O_2}] + [\mathrm{N_2}]}$$

ここで，$[\mathrm{O_2}]$：酸素の流量，$[\mathrm{N_2}]$：窒素の流量．
【考察】
　①繊維の種類と燃焼性（易燃性，可燃性，難燃性，不燃性）についてまとめてみよう．
　②消防法では，高層建築物，地下街，不特定多数の人が出入りする施設・建築物で使用される繊維製品で防炎物品の使用が義務付けられている．どのようなものが対象となっているか調べてみよう．
【参考】燃焼性の試験法には，この他に垂直法がある．垂直法（図134）は，試験片を垂直にセットし，下端を加熱した後の残炎時間，残じん時間を測定する．主に寝衣などの衣服の試験に適している．　　　［花田美和子］

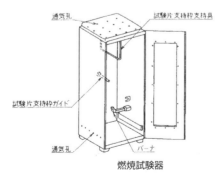
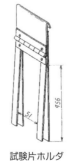

図134 垂直法（JIS L 1091）

帯　電　性

　衣服における静電気は摩擦により発生し，素材の性質，表面処理，湿度なども関係する．天然繊維は親水性が高いので，帯電した静電気が，水分を含むと速やかに除電されるが，疎水性の合成繊維はなかなか除電されない．そのため，ほこりの付着や衣服のまとわりつきが生じる．

　半減期測定法は，試料の静電気漏えいのしやすさをみる試験方法で，繰り返し精度がよい．また，摩擦帯電圧法は，静電気の発生しやすさをみる方法である．

1) 半減期測定法（A法）

【目的】試料をコロナ放電場で帯電させた後，帯電圧が1/2に減衰するまでの時間を測定する．試料の静電気漏えいのしやすさから帯電性を評価する．

【試料】各種織物，編物 45×45 mm の試験片を3枚採取する．

【機器】半減期測定機（図135），記録装置，除電装置を用いる．

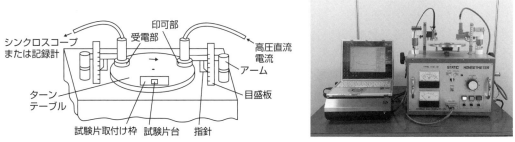

図135　半減期測定機（写真はシシド静電気株式会社提供）

【方法】

①半減期測定機（図135）と記録装置を接続し，印加電圧を（－）10 kV にする．

②除電装置を用いて試料を除電した後，表面が上になるように試料台に載せ，取付け枠で固定する．

③ターンテーブルを回転させながら（－）10 kV の印加を30秒間行った後，印加を止め，ターンテーブルを回転させたまま帯電圧が初期帯電圧の1/2に減衰するまでの時間（秒）を測定する．ただし，初期帯電圧が半分に減衰する時間が120秒以上を要する場合は，120秒で測定を中止する．

【結果】試験結果は，3枚の試料の測定値の平均値を算出し，四捨五入により有効数字2桁にする．

【考察】天然繊維，合成繊維の違いを比較する．ほこりや汚れの付着しやすさとの関係を考察する．

2) 摩擦帯電圧測定法（B法）

【目的】試料を回転させながら摩擦布で摩擦し，発生した帯電圧を測定することで，試料の帯電性を評価する（図136）．

帯電性　103

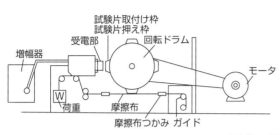

図136　摩擦帯電圧測定機

【試料】各種織物，編物 50×80 mm の試験片をたて方向・よこ方向各 5 枚採取する．幅 25 mm，長さ 150 mm の摩擦布[*1]を摩擦布の種類ごとに 5 枚ずつ採取する．

【機器】摩擦帯電圧測定機（図136），記録装置，除電装置を用いる．

【方法】

①除電装置で除電した摩擦布を，図136の摩擦布の位置に取り付ける．

②摩擦布に 4.5 N の荷重を加える．このとき，摩擦布が試験片取付け枠の曲面の中心点の接点になるように位置を調節する．

③摩擦布のつかみの高さを右側 3 mm，左側 1 mm だけ引き上げる．次に，左右のつかみの高さの差を変えずに，試験片の厚さだけ高さを下げる（図137）．

⑤除電した試験布を，表面が摩擦面になるように試験片取付け枠に取り付ける．枠の曲面に沿って矢印方向に張りながら取り付け，押え枠で止める（図138）．

⑥オシロスコープ（記録装置）を接続し，受電部の電極版と試験片取付け枠面との距離を約 15 mm にする（図136）．

⑦回転ドラムを回転させて試験片を摩擦し，60 秒後の帯電圧（V）を測定する．試験片と摩擦布を取り換えてこの操作をたて，よこ 5 回ずつ行う．

【結果】摩擦布の種類ごとに，たて，よこ方向の 5 枚の試験片の測定値の平均を求め，四捨五入して有効数字 2 桁にする．

【考察】試験片と摩擦布の違いによる帯電圧の違いを考察する．帯電列との関係を確認する．

[平井郁子]

[*1] この試験では，摩擦する相手素材により静電気発生量が異なるが，実際の着用実態から摩擦布は，綿，毛を多く用いる．摩擦布は，JIS L 0803 に規定する添付白布を用いる．

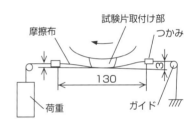

図137　摩擦布の高さの調節
（単位：mm）

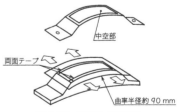

図138　試験片の取付け

静電気と摩擦帯電列

2つの物質を摩擦すると一方がプラスに帯電し，もう一方がマイナスに帯電し，静電気を発生する．その帯電のプラス，マイナスの順に並べてみると下記のような摩擦帯電列を作ることができる．

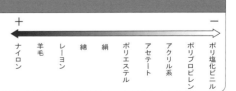

風合い評価（KES）

布と人間の感性との適合性を判断するための方法としてKES（Kawabata Evaluation System）により，布の力学特性値を計測して，その各特性値から布の風合いや品質を客観的に評価する方法が確立されている．

【目的】採用されている特性は，以下の6つの特性，すなわち引張特性，せん断特性，曲げ特性，圧縮特性，表面特性，構造特性である．各力学特性をKES風合い試験機によって測定して

図139　KES-FBシステムの外観

特性値を求める．布の風合いの客観的評価をするための各特性値の検討を行う．

1枚の試料を各測定で使う場合は，生地への負荷が少ない圧縮特性→表面特性→曲げ特性→せん断特性→引張特性の順で測定する．

【機器】基本測定装置KES-FBシステム（図139）を使用する．KESF-AUTOシステムでは測定操作が自動化されており，計測データは瞬時に得られる．

1）引張特性の測定（標準条件または高感度条件）

【目的】布の力学的特性の1つである引張特性を，KESにより求める．

【試料】材質，構造，厚さなどの異なる各種の布地（綿，毛，ポリエステル，ナイロン，アクリルなど）を200×200 mmの大きさに裁断して使用する．

【機器】KES-FB1引張せん断試験機，自動データ処理装置一式またはXYプロッター

【方法】

①　KES-FB1を引張試験用にダイヤルをセットする．感度5×5（標準条件），2×5（高感度条件：H）にしてゼロ調節を行う．最大荷重を500 gf/cm（標準条件），50 gf/cm（高感度条件）にセットする．

②　布をチャックにはさむ．ねじを回して布を固定する．

③　スタートボタンを押して最大荷重まで引っ張り，データを取り込む．このとき，引張ひずみ速度は0.2 mm/sec（標準条件），0.1 mm/sec（高感度条件）である．布のたて方向とよこ方向は，それぞれに測定する．XYプロッターの場合はINT，INT（BACK）を装置から，EMをグラフ（図140）から読み取り，以下の式から各計測値を求める．

　　引張仕事量 WT＝INT×5（標準条件），WT＝INT×1（高感度条件）

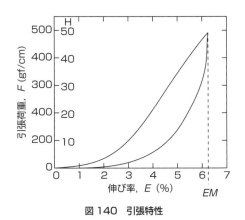

図140　引張特性

WT：得られたチャートの往きの面積

引張レジリエンス $RT=$（INT（BACK））/INT×100

　　RT：得られたチャートの帰りの面積を往きの面積で除した値

引張荷重-伸びひずみ曲線の直線性 $LT = \dfrac{WT}{最大荷重 \times EM \times (1/2)}$

　　（LT 計算時の EM は伸び/初期長）

　　EM：最大荷重に引っ張ったときの伸びひずみ

【結果】計測結果を下記の表36のように一覧にまとめる（布のたて方向（warp）とよこ方向（weft）は，それぞれ測定した後，平均を求める）．

表36　引張特性値

	試料	経緯	INT	INT (BACK)	LT (-)	WT (gf·cm/cm²)	RT (%)	EM (%)
1		warp						
		weft						
		mean						
2		warp						
		weft						
		mean						

【考察】布の材質，構造（織組織や糸密度，厚さ）などと以下の関係をみる．

　　LT：引張荷重-伸びひずみ曲線の直線性（小さいほど初期によく伸びる）

　　WT：単位面積あたりの引張仕事量（一定荷重に引っ張るまでのエネルギー，大きいほどよく伸びる）

　　RT：引張レジリエンス（大きいほど引張弾性度が大きい）

2）せん断特性の測定

【目的】布の力学的特性の1つであるせん断特性を，KES により求める．

【試料】引張特性の測定と同じ．

【機器】KES-FB1 引張せん断試験機，自動データ処理装置一式または XY プロッター

【方法】

　①KES-FB1 をせん断試験用にダイヤルをセットする．感度2×5にしてゼロ調節を行う．

　②布をチャックにはさむ．ねじを回して布を固定する．手前のチャックに所定の重錘をかけ，クラッチを OFF にして，一定張力を与える．

　③スタートボタンを押して布のデータを取り込む（布のたて方向とよこ方向，それぞれに測定する）．XY プロッターの場合はせん断角が0.5°～2.5°

表37 せん断特性値

試料	経緯	slope		Hyst. at φ=0.5°		Hyst. at φ=5°		G (gf/cm·degree)	$2HG$ (gf/cm)	$2HG_5$ (gf/cm)
		$+\phi$	$-\phi$	$+\phi$	$-\phi$	$+\phi$	$-\phi$			
1	warp	$+\phi$	$-\phi$	$+\phi$	$-\phi$	$+\phi$	$-\phi$			
	weft	$+\phi$	$-\phi$	$+\phi$	$-\phi$	$+\phi$	$-\phi$			
	mean									
2	warp	$+\phi$	$-\phi$	$+\phi$	$-\phi$	$+\phi$	$-\phi$			
	weft	$+\phi$	$-\phi$	$+\phi$	$-\phi$	$+\phi$	$-\phi$			
	mean									

の曲線の傾斜（slope）とせん断角が0.5°，5°のときのヒステリシス幅を±の位置でそれぞれ，グラフ（図141）から読み取り，平均値を求める．

【結果】計測結果を下記の表37のように一覧にまとめる（布のたて方向とよこ方向は，それぞれ測定した後，平均を求める）．

【考察】布の材質，構造（織組織や糸密度，厚さ）などと以下の関係をみる．

G：せん断剛性（大きいほど剛い）：せん断角0.5°〜2.5°の間の傾き．

$2HG$：せん断角0.5°におけるヒステリシス（大きいほど弾力がない）．

$2HG_5$：せん断角5°における大変形時（せん断角5°）のヒステリシス．

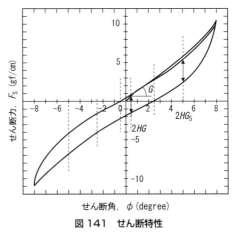

図141 せん断特性

3) 曲げ特性の測定

【目的】布の力学的特性の1つである曲げ特性を，KESにより求める．

【試料】引張特性の測定と同じ．

【機器】KES-FB2曲げ試験機，自動データ処理装置一式またはXYプロッター

【方法】

①KES-FB2を曲げ試験用にダイヤルをセットする．感度2×1にしてゼロ調節を行う．

②布の厚みに対応するスペーサーをチャックに取り付けてから，布をチャックにはさむ．ねじを回して布を固定する．

③スタートボタンを押して布のデータを取り込む（布のたて方向とよこ方向，それぞれに測定する）．XYプロッターの場合は曲率が$0.5\,\mathrm{cm}^{-1}$〜$1.5\,\mathrm{cm}^{-1}$の曲線の傾斜（slope）と曲率が$1\,\mathrm{cm}^{-1}$のときのヒステリシス幅を±の位置でそれぞれ，グラフ（図142）から読み取り，平均値を求める．

【結果】計測結果を下記の表38のように一覧にまとめる．（布のたて方向と

表38 曲げ特性値

	試料	経緯	slope		Hyst.		B (gf·cm²/cm)	$2HB$ (gf·cm/cm)
			+K	−K	+K	−K		
1		warp	+K	−K	+K	−K		
		weft	+K	−K	+K	−K		
		mean						
2		warp	+K	−K	+K	−K		
		weft	+K	−K	+K	−K		
		mean						

よこ方向は，それぞれ測定した後，平均を求める).

【考察】布の材質，構造（織組織や糸密度，厚さ）などと以下の関係をみる.

B：曲げ剛性（大きいほど剛い）…曲率 ±0.5〜1.5 cm^{-1} 間の布の表側を外にして曲げたときと，裏側を外にして曲げたときのチャートの傾きの平均.

$2HB$：曲げヒステリシス（大きいほど弾力がない）：曲率 ±1 cm^{-1} における表曲げと裏曲げのヒステリシス幅を平均した値.

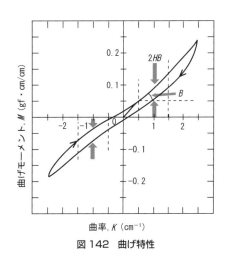

図142 曲げ特性

4) 圧縮特性の測定（標準条件または高感度条件）

【目的】布の力学的特性の1つである圧縮特性を，KESにより求める.

【試料】引張特性の測定と同じ.

【機器】KES-FB3圧縮試験機，自動データ処理装置一式またはXYプロッター

【方法】

①KES-FB3圧縮試験機の加圧スピードは，標準条件のときSTD（50 sec/mm），高感度条件：HのときHIGH（150 sec/mm）にダイヤルをセットする．感度2×5にしてゼロ調節を行う.

②加圧板が布に触れる直前の距離に加圧板をセットし，布を試料台にセットする.

③スタートボタンを押して，最大荷重50 gf/cm²（標準条件），10 gf/cm²（高感度条件）まで圧縮して測定データを取り込む．異なる位置で3回計測する．3回の平均値を測定値とするためである．XYプロッターの場合は，INT，INT（BACK）を装置から読み，荷重が0.5 gf/cm²のときの距離（布の厚さ）T_0 mm，最大荷重50 gf/cm²（標準条件），10 gf/cm²（高感度条件）のときの距離 T_M mm をそれぞれ，グラフ（図143）から読み取る.

表39 圧縮特性値

試料	INT	INT (BACK)	T_0 (mm)	T_M (mm)	LC (-)	WC (gf·cm/cm²)	RC (%)
1							
2							

以下の式から各計測値を求める.

圧縮荷重-圧縮ひずみ曲線の直線性
$$LC = \frac{2 \times WC}{圧縮最大荷重 \times (T_0 - T_M)}$$

（LC計算時の T_0, T_M の単位は cm）

圧縮仕事量 $WC = INT \times 0.1$ （標準条件），
$WC = INT \times (0.1/3)$ （高感度条件）

WC：得られたチャートの往きの面積

圧縮レジリエンス $RC = \dfrac{INT(BACK)}{INT} \times 100$

RC：得られたチャートの帰りの面積を往きの面積で除した値.

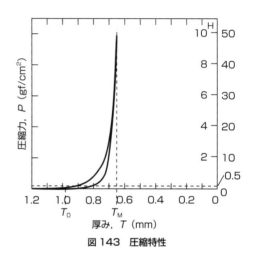

図143 圧縮特性

【結果】計測結果を下記の表39のように一覧にまとめる（異なる位置で3回測定した後，平均を求める）．

【考察】布の材質，構造（織組織や糸密度，厚さ）などと以下の関係をみる．

LC：圧縮特性の直線性（小さいほど初期に圧縮が柔らかい）

WC：圧縮仕事量（一定荷重に圧縮するまでのエネルギー，大きいほどよく圧縮する）

RC：圧縮レジリエンス（大きいほど圧縮弾性度が大きい）

T_0：圧縮荷重 0.5 gf/cm² における布の厚さ

T_M：上限荷重における布の厚さ

5) 表面特性の測定

【目的】布の表面特性を，KESにより求める．

【試料】引張特性の測定と同じ．

【機器】KES-FB4表面試験機，自動データ処理装置一式またはXYプロッ

表40 表面特性値

試料	経緯	MIU INT	MIU INT(BACK)	MMD INT	MMD INT(BACK)	SMD INT	SMD INT(BACK)	MIU (−)	MMD (−)	SMD (μm)
1	warp									
	weft									
	mean									
2	warp									
	weft									
	mean									

ター

【方法】

① KES-FB4試験機のMIU（表面摩擦）側とSMD（表面粗さ）側，それぞれ感度2×5にしてゼロ調節を行う．SMD側は一定の加圧力10 gfがかかるように調節する．

② 布に一定張力をかけ，布を試料台にセットする．両接触子を布表面にセットする．

③ スタートボタンを押して，データを取り込む（図144）．異なる位置で3回計測する．3回の平均値を測定値とするためである．XYプロッターの場合は，INT，INT（BACK）を装置から読み，以下の式から各計測値を求める．

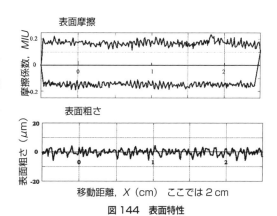

図144 表面特性

摩擦係数 $MIU = INT \times 0.1$

摩擦変動 $MMD = INT \times 0.01$

表面粗さ $SMD = INT \times 1$

【結果】計測結果を下記の表40のように一覧にまとめる（異なる位置で3回測定した後，平均を求める）．

【考察】布の材質，構造（織組織や糸密度，厚さ）などと以下の関係をみる．

MIU：平均摩擦係数（小さいほど滑りやすい）

MMD：摩擦係数の摩擦変動（小さいほど滑らか）…摩擦係数の平均偏差．

SMD：表面粗さ（小さいほど平滑）…表面の凹凸の平均偏差．

6) 構造特性

T_0：厚さ（mm），W：重量（mg/cm^2）．

以上，1)〜6)の測定から得られた各特性値を使用して，風合いの計算を行い，風合いの客観的評価ができる． ［井上尚子］

3. 縫製実験

縫い目強さ

【目的】縫製製品の縫い目強さを測定する．
【試料】綿織物1種
【機器】ミシン，ショッパー形引張試験機あるいはインストロン形試験機
【方法】試験片は，たて×よこ 100 mm×50 mm にカットする．2枚を中表に重ねて下記の条件にて縫い合わせる（図145）．縫製条件は次の通りとし，各条件につき3枚の試験片を作製する．
　①縫製方法：手縫い，ミシン縫い
　②縫い糸：綿糸，ポリエステルスパン糸各50番または60番と80番の2種
　③ステッチ密度：3針/cm，7針/cm
　④針：手縫い用（メリケン針7など），ミシン針#11
　⑤縫い代幅：1 cm
ただし，糸の太さ50番（60番），ステッチ密度7針/cmのものは3 mm のものも追加する．
縫い合わせた試験片は，縫い目の両端を結んでほつれないようにする．

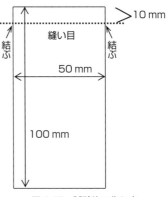

図145　試験片の作り方

1) 標準時縫い目引張強さおよび伸び率
引張試験機に，つかみ間隔を100 mm とし，縫い目がつかみ間の中央になるように取り付ける．試験片を引張速度 150±10 mm/min あるいは300 mm/min で引っ張り，縫い目が最初に切断したときの引張強さを小数点以下1桁まで測定し，同時に縫い目切断時の伸びを1 mm まで測定する．この伸びから伸び率を算出する．また，破壊形態を観察し，記録しておく．

2) 湿潤時縫い目引張強さおよび伸び率
試験片を別に設けた容器に入れ，20±2℃の水の中にそれぞれ自重で沈下するまでおくか，1時間以上水中に沈めておく．
試験片を水から出して1分以内に，標準時と同様の方法で試験を行う．

【結果】それぞれ測定結果3回の平均値を算出し，小数点以下1桁に丸める．ただし，つかみ近くで切断したもの（チャック切れ）は除く．
なお，乾湿強力比は次の式により求める．

$$F_r = \frac{S_w}{S_d} \times 100$$

ここで，F_r：乾湿強力比，S_d：標準時引張強さ（N），S_w：湿潤時引張強さ（N）．
【考察】手縫い，ミシン縫いの違い，糸の太さ，ステッチ密度，縫い代幅の

表41　縫い目強さ試験測定結果の表し方

縫い糸	ステッチ密度	縫い代幅			1回目	2回目	3回目	平均	乾湿強力比(%)
ポリエステル糸50番	3針/cm	1cm	乾燥時	引張強さ(N)					
				伸び率(%)					
			湿潤時	引張強さ(N)					
				伸び率(%)					
				引張強さ					

違いは，縫い目強度にどのように関与してくるか．縫製条件の設定はどのようになされるべきかを考察する．また，縫い目強さと布の引張強さの関係はどうあるべきかを考察する．

【参考】JIS L 1093により規定されている試験方法は次の通り．

①A法（グラブ法）
・A-1法（縫い目水平法）[*1]：主に織物に適用．試験片は縫い目を中心に150 mm×100 mm（たて×よこ）で採取し，つかみ間隔は76 mmとし，縫い目がつかみ間の中央になるように取り付ける．
・A-2法（縫い目垂直法）[*2]：主に伸びの大きい織物および編物に適用．試験片は引張方向と縫い目が平行になるように作製する．つかみ間隔76 mmで縫い目線が上下のつかみの中心を通るように取り付ける．
・A-3法（ISO法）：主に織物に適用

②B法（破裂法）：主に編物に適用．試験片は，縫い目が中央になるように約150 mm×150 mmで作製する．この試験片を縫い代を下にして縫い目がクランプの中央になるようにミューレン低圧試験機に取り付け，縫い目が最初に破裂したときの強さを測定する[*3]．

[*1] 試料サイズおよびつかみのサイズは基礎編p.41を参照．

[*2] JIS L 1093の附属書Aを参照．

[*3] 破裂強さの算出など，詳しくは基礎編p.43を参照．

縫い目滑脱

繊維製品には様々な部位に縫い目がある．図146のように，この縫い目が滑って開いたり，縫い代が抜けてしまったりする現象を縫い目滑脱という．特に薄地で表面が滑らか，粗い密度，ソフトな風合いのものがなりやすく，製品の部位では，例えばタイトスカートの脇縫いやスリット，パンツの股下，特に尻縫いなど，着用時に外力がかかりやすい場所で発生する．

図146　縫い目滑脱の例

シームパッカリングの評価

シームパッカリングとは縫い目付近に発生する細かいしわのことである．JIS L 0220 では「縫い縮み，縫いずれによって，縫い目の周辺に生じた縫いつれ又は縫いじわ」と規定されている．しかし，縫製の段階で発生するシームパッカリングだけでなく，消費者が購入後，洗濯することによって発生するシームパッカリングも考慮する必要があるため，要因を特定せず，現象として発生するシームパッカリングの評価を繊維製品のシームパッカリング評価方法 JIS L 1905 として規定している．

図147 判定用標準立体レプリカ
上：3級のダブル，下：シングル

【目的】シームパッカリングを判定用標準立体レプリカを用いて評価する．ただし，試料が布地の場合には判定用標準写真を用いてもよい．

【試料】綿織物（厚さ，目付などが違うもの）3種

【器具】はさみ，ものさし，判定用標準立体レプリカ（図147），判定用標準写真（図148）など

【機器】ミシン（針 #11）

【方法】シームパッカリングの試験片を作製する（図149）．この実験においてはシングルのみ作製することとする．10 cm×50 cm の布を，たて・よこそれぞれ9枚採取する．幅の中央に直線を書く．布端を除き，その直線状で 40 cm の印をつける．

書いた直線上を布端から布端までミシンで縫う．縫い糸はポリエステルスパン糸60番を用い，ステッチ密度は3針/cm，7針/cm とし，各3枚ずつ作成する．ステッチ密度3針/cm に関しては，上糸を強くした場合も作成する．縫製後，印をつけた 40 cm 間の長さを測定する．

作製した試験片の等級を判定する．判定用標準立体レプリカを用いる場合は，試験片の両側にレプリカを置き，試験片のシームパッカリン

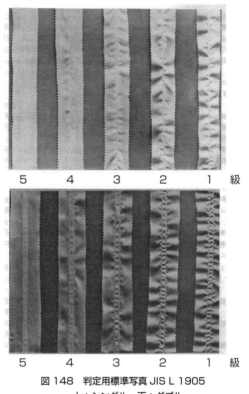

図148 判定用標準写真 JIS L 1905
上：シングル，下：ダブル

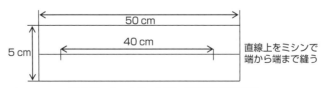

図149 シームパッカリング試験片の作り方

グの程度を判定用標準レプリカと比較して，等級を判定する．判定用標準写真を使用する場合は，試験片の左側に写真を置く．

【結果】官能検査の結果は判定者3名×3試料の9つの判定値の平均を求める．

縫縮み率は次式により算出する．

$$縫縮み率（\%）=\frac{40-l}{40}\times 100$$

l：縫製直後の長さ（cm）．

表42　シームパッカリング判定結果の表し方

試料		縫製直後の長さ（cm）	縫縮み率（％）	判定等級			平均
				判定者a	判定者b	判定者c	
A	1						
	2						
	3						
B	1						
	2						

【考察】判定等級と布のたてとよこや厚さ，目付，剛軟性などの力学特性との関係をみる．ステッチ密度や上糸の調子による差があるかどうか，縫い縮み率と判定等級に関係があるかなど考察する．

【参考】官能検査による判定は，熟練を要する．そのため，誰が測定しても同じ結果を得るために，2000年に画像処理技術を用いたシームパッカリングの判定を行う光学三次元計測法の規定を目的として改正が行われた．しかし，測定機器，照明の問題などそろえるのが難しい項目が多いため現在は，光学三次元計測法は付属書JA（参考）に記載されている（図150）．今後，さらなる研究が期待される．　　　　　　　　　　　　　　　　[太田奈緒]

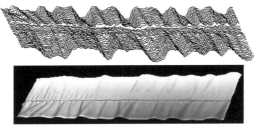

図150　3D表示の例（ダブル1級）
（太田，2014）

114 Ⅱ 応用編／4.官能検査

4. 官 能 検 査

【目的】官能検査とは，人間の感覚器官を使って行う検査をいう．現代では，測定機器の開発により様々な特性が数値化されるが，布の肌触りや光沢感など，官能検査により測定される特性も多い．官能検査は，個々人の感覚に拠るため評価の基準は必ずしも明瞭でなく，変動もしやすい．そこで，誤差を少なくするための様々な手法が開発されている．ここでは，簡単な官能検査の方法として一対比較法とSD法を学び，人間の感覚を数値化する官能検査の基本を理解する．

1) 一対比較法

2つのものを比較して，順位あるいは評点を付ける方法である．ここでは布の厚さについてを例に官能検査実験を行う．

【試料】布地6種類以上

【器具】測厚器（シックネスゲージ）

【方法】

①試料（AからFまで6種類）のうち2種類に手で触れて，どちらの布が「厚い」か，判定する．すべての組み合わせ（15対）について行う．

②測厚器で試料の厚さを測定する．

【分析】一巡三角形 d による検定（各自）

①試料数を頂点とする多角形を描き，一対の試料の厚さを判定し，「厚い」と感じた方の頂点に向かって，矢印を引く（図151）．

②以下の式で，一巡三角形（矛盾している評価）の数を求める[*1]．

$$d = \frac{k(k-1)(k-2)}{6} - \frac{\Sigma a_i(a_i-1)}{2}$$

k：試料数，a_i：各頂点から外に向かっている矢印の数，
$\Sigma a_i(a_i-1)$：$a_i \times a_i$から1を引いたものの総和．

③試料数が6の場合，一巡三角形の数 d が1よりも少ない場合には危険率5%で，判定能力がある，もしくはサンプル間に差があるといえる（試料数が7の場合は d が3より小さい場合）[*2]．例題では $d=2$ なので，試料間に有意な差はない，もしくは判定能力がないということになる．

試料数が8以上の場合には，カイ2乗分布 χ^2 $(f, 0.05)$[*3] により，検定する．

$$\chi_0^2 = \frac{8}{k-4}\left\{\frac{k(k-1)(k-2)}{24} - d + \frac{1}{2}\right\} + f, \qquad f = \frac{k(k-1)(k-2)}{(k-4)^2}$$

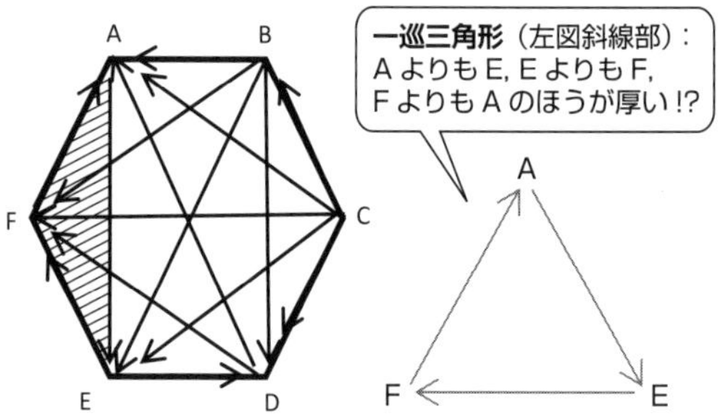

一巡三角形（左図斜線部）：
AよりもE，EよりもF，FよりもAのほうが厚い!?

図151 一巡三角形

[*1] 例題では…
d=(6×5×4)/6−
(1×0+4×3+5×4+2×1+2×1+1×0)/2=2

[*2]

k	6	7
$d_{0.05}$	1	3

[*3] 朝倉書店ウェブサイトのカイ2乗表を参照．

χ_0^2 の値が自由度 f のカイ 2 乗分布の 5% 点よりも大きい場合は,危険率 5% で有意とある.

【考察】測厚器で測定した結果と,官能検査の結果を比較してみよう.人間の判定と測定装置による計測値は必ずしも一致しない.結果の異なった布の特性を分析し,なぜそのような違いが生じるのか検討してみよう.

2) SD 法

相反する意味の形容語を対とした評定尺度を複数用意し,5 段階(または 7 段階)で評価を得る方法である.ここでは,布の触感評価の例を示す.

【試料】布地 6 種類以上

【方法】

試料(A から F まで 6 種類)のうち 1 種類に,手で触れて,布の印象を評価する.布の触感を表すような評価項目を設定して,図 152 のような評価シートを作成し[*4],5 段階で評価する.すべての試料について評価を行うが,順序効果に配慮し,各評価者がランダムに試験を行うようにする.

[*4] 評価シートの作成にあたっては,評価項目の配置に注意する.例えば,「軽い」「薄い」「やわらかい」が順に同じ側に並ぶと評価を誘導してしまう.

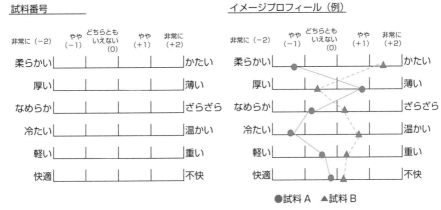

図 152 SD 法の評価シートとイメージプロフィールの例

【結果】

① 班の人数分の評価を点数化して合計し,試料ごとに平均値を求める.

② 評価シート上に平均値をプロットし,イメージプロフィールを作成することで(図 152),試料ごとの特徴を分析する.

【考察】

SD 法の分析には,多変量解析法の 1 つである因子分析が多く用いられる.因子分析は,多くの変量をいくつかの因子により説明する方法である.実際には,各種の統計ソフト[*5] により行うことができる.因子分析の手法や分析例について調べてみるとよいだろう.

[谷 祥子]

[*5] EXCEL 多変量解析(株式会社エスミ),SPSS (IBM) など

5. 高分子分析実験

衣服材料を分子の視点から捉えると，長い鎖状の分子，すなわち高分子から構成されている，といえる．高分子がどの程度の鎖の長さでできているか，すなわちその分子量を把握することは，高分子を知る第一歩となる．なぜなら，低分子の場合と異なり，同じ化学構造を持つ高分子でも，分子量が異なれば力学強度や熱的性質が異なり得るからである．ここでは，高分子の分子量を求める簡便な方法として粘度法を，より一般的な方法として液体クロマトグラフィー法について紹介する．また，高分子の熱的性質を評価する分析方法として代表的な，熱重量分析と示差熱量分析を扱う．これらの熱的性質を把握することは，学問上のみならず，実用においても重要である．最後に，高分子の化学構造を分析する手段として，赤外吸収スペクトルおよび熱分解ガスクロマトグラフィーによる方法を紹介する．以上の分析手法に精通することによって，より正確かつ客観的に，衣服材料を捉えることができるであろう．

分子量の測定：粘度法

【目的】衣服を構成する高分子材料の分子量は，希薄溶液にして測定するのが一般的である．高分子の希薄溶液はその分子鎖が長いほど，すなわち分子量が大きいほど（正確には高分子鎖の広がりが大きいほど）粘度が高くなることが知られている．この性質を利用して高分子の分子量を求める方法が粘度法である．通常は，ウベローデ粘度計（図153）を用いて，試料溶液の液面が L_1 から L_2 までを落下する時間が溶液粘度に比例することを利用して求める．

【試料】ポリエステル，ポリビニルアルコール，ポリスチレン，o-クロロフェノール（ポリエステル用溶媒），水（ポリビニルアルコール用溶媒）トルエン（ポリスチレン用溶媒）

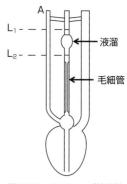

図153　ウベローデ粘度計

【器具】ウベローデ粘度計，水槽，温度調節器，ストップウォッチ，精密天びん，25 mL メスフラスコ，マグネチックスターラー，ホールピペット，アセトン

【方法】

①試料約 0.1～0.3 g（重量は溶液の粘度による）を精密天びんで正確に秤量し，25 mL メスフラスコに移す．溶媒を標線まで加え，マグネチックスターラーで溶解するまで撹拌する．

②25℃または30℃に設定した水槽内にスタンドで毛細管部分を垂直に固定したウベローデ粘度計を置き，溶媒 5 mL をホールピペットで仕込む．10分程度経過後に図136のAの部分を閉じ，毛細管部分から液を吸い上げた

・落下時間にばらつきが生じる原因としては，液中の異物の混入，試料の溶解が不十分，などが考えられる．

・正確なデータを得るためには，溶媒の落下

後にAを開き，L_1からL_2の落下時間を測定する．2回連続して誤差が0.2秒以内に収まれば，その平均値を溶媒の落下時間 (t_0) とする．

③粘度計から溶媒を取り除き，アセトンを加えて粘度計内部をよく洗浄した後，乾燥させる．粘度計を再度スタンドに固定し，水槽内に置く．

④上記①で作成した試料溶液5 mLを粘度計に仕込み，溶媒の場合と同様に落下時間 (t_1) を測定する．

⑤粘度計を水槽に置いたまま，溶媒2 mL，2 mL，4 mL，6 mLを順次追加し，それぞれの落下時間 (t_2, t_3, t_4, t_5) を測定する．

【結果】上記の測定結果から，以下の手順で試料の固有粘度 $[\eta]$ を求める．

①溶液のそれぞれの濃度における相対粘度 η_r を，下式 (1) によって求める（朝倉書店ウェブサイトからダウンロード可能なワークシートを用いれば，効率的に作業できる）．

$$\eta_r = \frac{t}{t_0} \quad \cdots\cdots\cdots\cdots\cdots\cdots\cdots\cdots\cdots\cdots\cdots\cdots\cdots\cdots (1)$$

②横軸に溶液濃度，縦軸に $(\eta_r - 1)/c$ (c は溶液の濃度) として，測定結果をグラフにプロットする．

③グラフ中の各測定点の近似直線における縦軸との交点が $[\eta]$ となる．

④一般に，高分子の $[\eta]$ と分子量 M との間に，下式 (2) の関係が成立することが知られている（K, a は定数であるが，測定に用いた高分子や溶媒の種類，測定温度などによって異なる）．いくつかの高分子については K, a の値が知られており，その代表例を表43に示す．

$$[\eta] = K \cdot M^a \quad \cdots\cdots\cdots\cdots\cdots\cdots\cdots\cdots\cdots\cdots\cdots\cdots\cdots\cdots (2)$$

⑤実験で求めた $[\eta]$ と表42の K, a から，測定に用いた高分子の分子量を求めることができる．

時間が100秒以上，溶液と溶媒との落下時間の比が1.1以上となることが望ましい．

・o-クロロフェノールはポリエステル用溶媒として古くから知られているが，毒性や臭気の点から取り扱いには細心の注意が必要である．実験の目的が粘度法の理解であるのなら，水やトルエンを溶媒に用いてポリビニルアルコールやポリスチレンの粘度測定を行う方が，より簡便であろう．

・より構造が単純なオストワルド粘度計を用いて溶液の落下時間を測定することも可能である．この場合，落下時間が溶液量に依存するため，常に液量を一定にして測定する必要がある（図154）．

表43 高分子の K, a

高分子	溶媒	測定温度 (℃)	$K \cdot 10^3$ (mL/g)	a (-)
ポリエステル	o-クロロフェノール	25	17	0.83
ポリビニルアルコール	水	25	20	0.76
		30	67	0.64
ポリスチレン	トルエン	25	7.5	0.75
		30	9.2	0.72

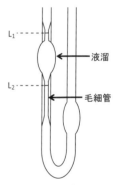

図154 オストワルド粘度計

液体クロマトグラフィー

【目的】「クロマトグラフィー」とは，固定相と呼ばれる物質の表面あるいは内部を，移動相と呼ばれる物質が通過する過程で物質が分離されることを利用する分析方法である．液体クロマトグラフィーは移動相が液体であるものをいう．ここでは，衣服を構成する高分子材料の分子量を液体クロマトグラフィーによって求める実験方法を解説する．

衣服を構成する高分子材料には難溶性であるものが多く，溶液状態にするためには特殊な溶剤を使用する必要がある．そのため移動相にも以下に示すような特殊なものが用いられる．

【試料】ポリエステル繊維，綿（セルロース），ヘキサフルオロイソプロパノール（HFIP，ポリエステル用移動相），N,N-ジメチルアセトアミド（DMAc）と塩化リチウム（LiCl）の混合液（セルロース用移動相），ポリメタクリル酸メチル標準試料，メタノール（綿溶解のための前処理液）

【機器】液体クロマトグラフ装置

液体クロマトグラフ装置の概要を図155に示す．移動相（溶離液ともいう）が送液ポンプによって試料注入装置，カラム（固定相），検出器を経て移動相回収容器へと流れていく．溶液状態にした試料は試料注入装置から注入されると移動相と共に矢印の方向に流れ，カラムで分離されて検出器を通過する．このときの移動相の溶出時間と試料の通過量との関係をデータ処理装置で解析する．

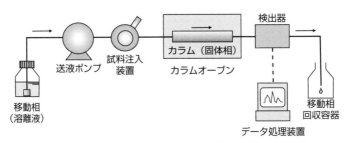

図155　液体クロマトグラフ装置の概要

試料と固定相とのあいだで相互作用がなく，試料分子の大きさの違いによって分離する方法が「サイズ排除クロマトグラフィー」（size exclusion chromatography：SEC）であり，その原理を図156（a）に示す．サイズの大きな分子は固定相の孔に入ることができないためそのまま早く通過し，分子サイズが小さくなるにつれてより孔の奥まで到達するため流路が長くなり，通過時間が遅くなる．このように，分子サイズの大きな分子から小さい分子へと順にカラムから溶出する．その結果，図156（b）に示すような試料の溶出量と移動相の溶出時間との関係が得られる．

一方，分子量が既知で分子量のそろった標準試料（ポリスチレンやポリ

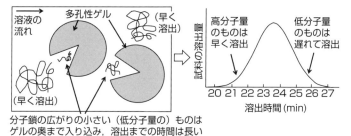

図156 (a) サイズ排除クロマトグラフィーの原理と (b) 試料の溶出量と移動相の溶出時間との関係

メタクリル酸メチルなどの市販品がある）を用いて同様の測定を行うことで，分子量と溶出時間との関係を明らかにすることができる．その一例を図157に示す．この情報をもとに，試料の分子量を求めることができる．この方法で得られた分子量は，標準試料を基準とした相対的なものであるが，比較的簡便に測定できることから，各種高分子材料の分子量測定方法として広く利用されている．

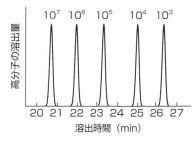

図157 標準試料の分子量と溶出時間との関係

【器具】サンプル管びん，シリンジフィルター

【方法】

①サンプル管びん中でポリエステル試料をHFIPに溶解し，シリンジフィルターで異物を除去する．濃度は0.2％程度とする．

②綿を水，メタノール，DMAcにそれぞれ1晩浸したのちよく絞り，サンプル管びん中でDMAcとLiClの混合液（重量比で92：8）に加え攪拌する．完全に溶解するまでに1週間程度要することがある．溶解したことを確認し，シリンジフィルターで異物を除去する．濃度は0.1％程度とする．

③高速液体クロマトグラフ装置を起動させる．ポリエステルの場合はHFIPを，綿の場合は，DMAcとLiClの混合液を移動相に用いる．

④試料を注入し，測定を開始する．

⑤ポリメタクリル酸メチルを用いて上記と同様に溶液作成，測定を実施する．

【結果】測定結果から，試料の分子量を求める．通常，装置に付属した解析ソフトを用いることで，比較的容易に求められるはずである．

【発展】

液体クロマトグラフィーや前項の粘度法によって求められた高分子の分子量は，基準物質に対する相対的な値である．分子量の絶対値を測定する方法として，高分子希薄溶液を用いた光散乱法が古くから知られている．また，最近ではマトリックス支援レーザー脱離イオン化質量分析法（MALDI-MS）が開発されている．これらの分析には高価な装置が必要である．

・ナイロンの場合もポリエステルと同様にHFIPを用いることで分子量を測定することが可能である．
・SECの検出器には屈折率計がよく用いられるが，光散乱検出器によって溶出試料の絶対分子量を直接測定する方法もある．
・HFIPは腐食性をもつ揮発性液体であり，重篤な呼吸器障害，火傷を引き起こす恐れがある．そのため，取り扱いには細心の注意が必要である．

熱分析

【目的】熱分析とは，一定のプログラムに従って試料を連続的に加熱または冷却しながら試料に生じる変化を測定する技法の総称である．衣服を構成する高分子材料の熱的性質を把握することは，学術上のみならず，実用上も重要である．ここでは，代表的な熱分析である熱重量分析（thermogravimetric analysis：TGA）と示差走査熱量分析（differential scanning calorimetry：DSC）について解説する．

1）熱重量分析装置（TGA）[*1]

【試料】各種繊維素材
【機器】熱重量分析装置
【器具】アルミパン（測定用容器），電子天びん，ピンセット
【方法】
　①精密に重量を測定した試料をアルミパンに仕込む．仕込み量は10～20 mg 程度である．測定に影響するので，アルミパンは素手で触れない．
　②熱重量分析装置を立ち上げ，測定条件に応じて窒素などのガスを流す．
　③温度処理のプログラムを設定する（例：室温から500℃まで，昇温速度：10℃/分）．
　④試料を入れたアルミパンを装置にセットし，測定を開始する．
　⑤測定が終了したら，装置付属の解析ソフトを用いてデータ整理をする．

【結果】
　①各測定試料に対し，図158に示すよう横軸に温度，縦軸に残存重量をとったTGA曲線を描く．
　②各試料のTGA曲線において，重量減少の勾配の点における接点と測定初期の基線（ベースライン）との交点を重量減少開始温度として求める．

【発展】各材料におけるTGA測定時の雰囲気（窒素中と空気中）による影響を調べる．

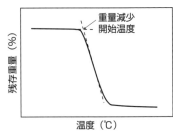

図158　一般的な高分子材料のTGA曲線

2）示差熱量分析装置（DSC）[*2]

【試料】各種繊維素材
【機器】示差熱量分析装置
【器具】アルミパン（測定用容器），電子天びん，ピンセット
【方法】
　①精密に重量を測定した試料をアルミパンに仕込む．通常，仕込み量は10～20 mg 程度である．正確な測定のためにはアルミパン底部に試料が接触していることが重要であり，必要に応じて前処理として加熱を施す．
　②示差熱量分析装置を立ち上げ，窒素ガスを流す．
　③温度処理のプログラムを設定する（例：室温から300℃まで，昇温速度：20℃/分）．

[*1] 設定されたプログラムに従って温度を変化（多くの場合は一定速度で昇温）させながら，試料の質量を随時測定する．高分子材料の場合，どの程度の温度で重量が減少するかを把握することができるので，熱安定性（耐熱性）を評価することができる．窒素中では熱に対する安定性を，空気中では酸化を含めた安定性を評価することになる．

[*2] 一定の熱を与えながら試料の温度を測定して，試料の状態変化や化学変化によって生じる吸熱や発熱およびその熱量を測定する．高分子材料の場合はガラス転移，結晶化，結晶の融解などを評価することができる．通常は窒素中で測定する．

④試料を入れたアルミパンを装置にセットし，測定を開始する．
⑤測定が終了したら，装置付属の解析ソフトを用いてデータ整理をする．

【結果】
ポリエステルの場合，図 159 のような DSC 曲線が描ける．A 点，B 点，C 点でどのような現象が起こっているか調べる．

【発展】
①ポリエステルを室温から 300℃ まで 20℃/分で昇温した場合の DSC 曲線，この試料を続けて 300℃ から 40℃ まで 20℃/分で冷却した場合の DSC 曲線，さらにこの試料を再び 40℃ から 300℃ まで 20℃/分で昇温した場合の DSC 曲線を描き，それぞれどのような現象が起こっているかを考察する．

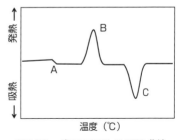

図 159　ポリエステルの DSC 曲線

②ポリエステルの DSC カーブと外観の様子については，朝倉書店ウェブサイトの資料を参照されたい．

3）その他の熱分析

TGA や DSC 以外の熱分析としては，熱機械分析（thermomechanical analysis, TMA）がある．これは，試料の温度を一定のプログラムによって変化させながら，圧縮，引張，曲げなどの荷重を加えてその物質の変形を温度又は時間の関数として測定する方法である．

赤外吸収スペクトル

【目的】赤外分光法は物質に赤外光を照射し，透過（または反射）した光を測定することによって，物質の構造解析や定量を行う分析手法である．横軸に赤外線の波数（波長の逆数），縦軸に赤外線の透過率（または吸光度）をとり，グラフ化したものが赤外吸収スペクトルである．この手法によって，衣服を構成する高分子材料の化学構造を明らかにすることができる．

【試料】各種繊維素材，臭化カリウム（KBr，粉末）

【機器】フーリエ変換型赤外分光光度計（FT-IR）

C−H や C＝O など，特定の化学結合は特定の波数の赤外線を吸収する（表 43 参照）ため，試料の部分的な化学構造を推定することができる．また，物質はそれぞれ固有の赤外吸収スペクトルを示すので，既存のスペクトルデータと比較することによって，その物質の種類を推定することも可能である．

臭化カリウム（KBr）は赤外線に対して透明であるために，その粉末や結晶板が試料の固定のために用いられる．具体的には，試料の形状によって，以下の方法で測定試料の調製が行われる．

①粉末状固体：KBr 粉末と混合したものから錠剤を成型し，これを測定する．

②薄膜固体：厚さ 10 μm 程度であれば，そのまま装置に固定して測定す

122　Ⅱ　応用編／5.高分子分析実験

表44　赤外線の波数と吸収するおもな結合，対応する繊維素材との関係

波数（cm⁻¹）	吸収する結合	対応するおもな繊維材料
4000-3200	O–H, N–H	綿，麻，羊毛，絹，ポリエステル，ナイロン
3200-3000	C–H（芳香族）	ポリエステル
3000-2800	C–H（脂肪族）	綿，麻，羊毛，絹，ナイロン，アクリル
2500-1900	C≡N	アクリル
1900-1500	C＝O など	ポリエステル，ナイロン，ほか
1500-1300	C–H など	（各種）
1300- 900	C–O など	（各種）

る.

　③液体：KBr結晶板に薄く塗り，もう1枚のKBr板と挟みつけて測定する.

　ここでは，KBr粉末と混合したものから錠剤を成型し，これを測定する方法について以下に解説する.

【器具】メノー乳鉢，サンプルホルダ，小型プレス機

【方法】

　①できるだけ細かく切断した繊維状試料1～2mgをメノー乳鉢に入れ，すりつぶす.

　②よく乾燥したKBr粉末100～200mgをメノー乳鉢に加え，試料とともによくすりつぶす.KBrは吸湿しやすいので，できるだけ手際よく行う.

　③サンプルホルダに②の粉砕試料を入れ，小型プレス機で試料を押しつぶす.

　④サンプルホルダをFT-IRにセットし，測定を開始する.

　⑤測定が終了したら，装置付属の解析ソフトを用いてデータ整理をし，試料の赤外吸収スペクトルを描く.

【結果】

　①測定で得られた赤外吸収スペクトルの，どの吸収がどの結合に由来するかを，表44を参考にしてまとめる.

　②測定から得られた赤外吸収スペクトルを，たとえばJIS L 1030-1に記載の各繊維素材の赤外吸収スペクトルと比較して，どの素材であるかを推定する.

【考察】図160に二酸化炭素および水の赤外吸収スペクトルを示す.本実験の測定で，二酸化炭素や水分の影響を受けていないか，検討してみよ.

【発展】上記の分析方法は試料に赤外線を透過させて分析する手法である.そのため，試料が赤外線に対して透明であるか，比較的薄い形状であることが必要である.全反射吸収法（ATR法, attenuated total reflection）は，高屈折率の結晶に資料を密着させ，この高屈折率結晶と試料接触界面で赤外光を全反射させて分析する手法である.このため，試料の表面から

・試料を用いずにKBrのみで錠剤成型したものを用いてバックグラウンド測定することによって，KBrに吸着した水分の影響を補正し，より精度の高い赤外吸収スペクトルを得ることができる.

・赤外吸収スペクトルは，しばしば測定時の二酸化炭素や水分の影響を受ける.

・比較的小さなKBr板を用いて，より簡便に測定試料を調整する方法が提案されている（KBrプレート法）.詳細は朝倉書店ウェブサイト資料を参照されたい.

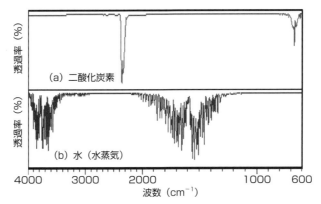

図160 (a) 二酸化炭素および (b) 水（水蒸気）の赤外吸収スペクトル

数 μm の赤外吸収スペクトルを得ることができる．

ガスクロマトグラフィー

【目的】前述の液体クロマトグラフィーでは移動相が液体であったのに対し，ガスクロマトグラフィー（gas chromatography, GC）では気体が移動相となる（キャリヤーガスという）．そのため分析する試料も気体状にならなければならない．しかし衣服を構成する高分子材料はその分子量が大きいため，そのままの状態で気体にすることはできない．そのため GC によってその分子量を測定することは困難である．しかし，熱分解によって生じた揮発性生成物を分析することは可能である．

【試料】各種繊維素材

【機器】熱分解ガスクロマトグラフ装置

熱分解ガスクロマトグラフィー（pyrolysis gas chromatography, PGC）は試料を瞬時に熱分解させて，気体状になった熱分解生成物をガスクロマトグラフ装置に送り，分析する方法である．図161に熱分解ガスクロマトグラフ装置の概要を示す．高分子の種類によって熱分解生成物が異なることから，この分析によって高分子材料の種類を推定することができる．

GC では各成分のピークが十分に分離する条件を見つけることが重要であり，カラムの種類の選択とカラム温度の制御が信頼性の高いデータを得るためには大切である．また，保持時間が長いとピークがブロードになるので，カラム温度を昇温しながら分析を行うことが多い．

GC の固定相としては，ポリジメチルシロキサンなどの無極性のものや，ポリエチレングリコールなどの極性[*1]のものが使用される．一般に低沸

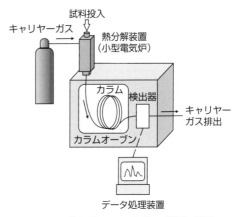

図161 分解ガスクロマトグラフ装置の概要

点のものほどカラム内を速く移動するが，固定相に極性のものを用いた場合は，高極性物質ほど相互作用が大きいために，カラム内の保持時間が長くなる．そのため固定相の異なるカラムを使用すれば，あるカラムでは分離できなかった物質を分離できる可能性がある．

GC の検出器としては，以下の 2 種が代表的である．

① TCD（thermal conductivity detector, 熱伝導度型検出器）：物質の熱伝導度の違いを利用して試料の検出を行う．キャリヤーガス以外のほぼありとあらゆる物質を検知できるが，感度があまり高くないので希薄サンプルには不向きである．

② FID（flame ionization detector, 水素炎イオン化型検出器）：物質を水素炎中で燃焼することによって発生するプラズマ電子を検知する．C-H 結合を持つ化合物に対して高い感度を有しており，一般の有機物に対する微量分析に適している．

【器具】マイクロシリンジ

【方法】

①試料を熱分解装置にセットする．

熱分解処理条件の一例：590℃，3 秒（窒素中）

②ガスクロマトグラフ装置を起動させ，分析を行う．

GC 条件の一例：カラム温度 120℃ → 240℃（5℃/分）

③対応すると推定される標準サンプルについて上記と同様の GC 条件で分析を行い，試料の保持時間を比較する．表 45 に，ポリエステルおよびナイロンの主な熱分解生成物を示した．

表45　ポリエステルおよびナイロンの主な熱分解生成物

ポリエステル	エチレンオキシド，ベンゼン，安息香酸ビニル，安息香酸，テレフタル酸ジビニル
ナイロン 6	ε-カプロラクタム
ナイロン 6,6	シクロペンタノン

【結果】測定試料から得られたピークの保持時間と標準サンプルの保持時間を比較し，結果の妥当性を検証する．

【発展】ガスクロマトグラフィー-質量分析法（gas chromatography-mass spectroscopy, GC-MS）とは，GC で分離させた種々の成分を TCD や FID などの代わりに，質量分析計（mass spectrometer, MS）で検出する方法である．質量分析とは，物質を構成する原子・分子をイオン化し，そのイオンや分子の質量を測定する分析法である．この方法によると高感度な測定や物質の同定が可能であり，近年利用範囲が拡大している．

[吉村利夫]

*1 分子内に存在する電気的な偏りのこと．極性をもった物質の例として，水（H_2O）がある．水分子において酸素（O）の原子核は水素（H）の電子を引き付けるため，酸素はマイナスの電気的な偏りをもち，水素はプラスの電気的な偏りをもつことになる．

衣服材料学実験に関係する JIS 一覧

JIS L 0104	テックス方式による糸の表示
JIS L 0105	繊維製品の物理試験方法通則
JIS L 0200	編組織の表示方法
JIS L 0201	編目記号
JIS L 0204-1	繊維用語（原料部門）―第1部：天然繊維
JIS L 0204-2	繊維用語（原料部門）―第2部：化学繊維
JIS L 0204-3	繊維用語（原料部門）―第3部：天然繊維及び化学繊維を除く原料部門
JIS L 0205	繊維用語（糸部門）
JIS L 0206	繊維用語（織物部門）
JIS L 0208	繊維用語―試験部門
JIS L 0210	繊維用語（製織部門）
JIS L 0211	繊維用語―ニット部門
JIS L 0220	繊維用語―検査部門
JIS L 0803	染色堅ろう度試験用添付白布
JIS L 1013	化学繊維フィラメント糸試験方法
JIS L 1015	化学繊維ステープル試験方法
JIS L 1019	綿繊維試験方法
JIS L 1021-6	繊維製床敷物試験方法―第6部：静的荷重による厚さ減少試験方法
JIS L 1021-7	繊維製床敷物試験方法―第7部：動的荷重による厚さ減少試験方法
JIS L 1021-11	繊維製床敷物試験方法―第11部：摩耗強さ試験方法
JIS L 1021-16	繊維製床敷物試験方法―第16部：帯電性―歩行試験方法
JIS L 1030-1	繊維製品の混用率試験方法―第1部：繊維鑑別
JIS L 1030-2	繊維製品の混用率試験方法―第2部：繊維混用率
JIS L 1057	織物及び編物のアイロン寸法変化率試験方法
JIS L 1058	織物及び編物のスナッグ試験方法
JIS L 1059-1	繊維製品の防しわ性試験方法―第1部：水平折り畳みじわの回復性の測定（モンサント法）
JIS L 1059-2	繊維製品の防しわ性試験方法―第2部：しわ付け後の外観評価（リンクル法）
JIS L 1060	織物及び編物のプリーツ性試験方法
JIS L 1062	織物の目寄れ試験方法
JIS L 1069	天然繊維の引張試験方法
JIS L 1076	織物及び編物のピリング試験方法
JIS L 1081	羊毛繊維試験方法
JIS L 1091	繊維製品の燃焼性試験方法
JIS L 1092	繊維製品の防水性試験方法

JIS L 1093	繊維製品の縫目強さ試験方法
JIS L 1094	織物及び編物の帯電性試験方法
JIS L 1095	一般紡績糸試験方法
JIS L 1096	織物及び編物の生地試験方法
JIS L 1099	繊維製品の透湿度試験方法
JIS L 1905	繊維製品のシームパッカリング評価方法
JIS L 1907	繊維製品の吸水性試験方法
JIS L 1909	繊維製品の寸法変化測定方法
JIS L 1913	一般不織布試験方法
JIS L 1917	繊維製品の表面フラッシュ燃焼性試験方法
JIS L 2101	綿縫糸
JIS L 2310	絹縫糸
JIS L 2510	ナイロン縫糸
JIS L 2511	ポリエステル縫糸

参考文献

●実験に際して

渥美茂明，尾関徹，越桐國雄ほか編：自然科学のためのはかる百科，丸善出版，2016.

化学同人編集部編：実験を安全に行うために 第7版，化学同人，2011.

化学同人編集部編：実験データを正しく扱うために，化学同人，2012.

白鳥敬：こんなにおもしろい単位，誠文堂新光社，2006.

西山隆造，安楽豊満：はじめての化学実験，オーム社，2010.

山口和也，山本仁：基礎化学実験安全オリエンテーション，東京化学同人，2007.

●基礎編

〈JIS〉

日本規格協会編：JIS ハンドブック 31 ―繊維，日本規格協会，2016.

〈その他〉

石川欣造編：新 被服材料学，同文書院，1978.

石川欣造編：被服材料実験書，同文書院，1991.

石川欣造編：繊維製品試験マニュアル，日本規格協会，1981.

岩本秀雄ほか：繊維試験法のすべて―基礎編，日本繊維センター，1974.

遠藤捨男，軍司敏博，鈴木国夫，福村信二，山本良子共著：被服材料概論，建帛社，1979.

岡田宣子編：ビジュアル衣生活論，建帛社，2010.

緒方怜香：羊毛フェルトの教科書，誠文堂新光社，2011.

小川龍夫：新版 ファッション/アパレル辞典，繊研新聞社，2013.

奥山春彦，水梨サワ子監修：被服学実験書，相川書房，1991.

北田總雄：三訂 生活造形のための被服材料要論，コロナ社，2000.

木藤半平，西沢信：繊維製品試験入門，三共出版，1987.

日下部信幸：小・中学校でできる被服材料実験，家政教育社，1988.

日下部信幸：生活のための被服材料学，家政教育社，1993.

日下部信幸：衣生活のもの作りと科学実験，家政教育社，2005.

軍司敏博編：被服材料概論，建帛社，1978.

桜田一郎監修，森昇，中嶋哲生著：現代被服材料実験，化学同人，1982.

島崎恒藏編：衣服材料の科学（衣の科学シリーズ），建帛社，1999.

島崎恒藏編：衣服材料の科学 第3版（衣の科学シリーズ），建帛社，2009.

城島栄一郎，矢井田修，中島照夫：基礎からの被服材料学 第4版，文教出版，1998.

繊維学会監修，日本繊維技術士センター編：業界マイスターに学ぶ せんいの基礎講座，繊維社，2016.

繊維学会編：第3版 繊維便覧，丸善，2004.

繊維学会編：やさしい繊維の基礎知識，日刊工業新聞社，2010.

繊維総合辞典編集委員会編：新・繊維総合辞典，繊研新聞社，2012.

東京都立産業技術研究センター：複合素材開発セクターご利用案内（パンフレット）.

成瀬信子：改訂版 基礎被服材料学，文化出版局，2016.

中島利誠編，金子恵以子ほか共著：被服材料学実験書，光生館，1991.

中島利誠編，金子恵以子ほか共著：概説 被服材料学，光生館，2001.

中島利誠編：新稿 被服材料学―概説と実験―，光生館，2010.

日本衣料管理協会：新訂3版 繊維製品の基礎知識 第1部―繊維に関する一般知識―，日本衣料
　　管理協会，2016.

日本衣料管理協会：新訂3版 繊維製品の基礎知識 第2部―家庭用繊維製品の製図と品質―，日
　　本衣料管理協会，2016.

日本衣料管理協会刊行委員会：繊維製品の品質苦情ガイド，日本衣料管理協会，2013.

日本繊維工業教育研究会編：繊維製品製造2 織物製造，実教出版.

日本繊維工業教育研究会編：繊維製品製造3 織物製造，実教出版.

日本繊維工業教育研究会編：テキスタイル技術，実教出版.

日本繊維工業教育研究会編：テキスタイル製品，実教出版.

日本繊維製品消費科学会編：新版繊維製品消費科学ハンドブック，光生館，1988.

日本羊毛産業協会：羊毛の構造と物性，繊維社，2015.

平井郁子ほか：衣料学繊維材料実験書，大妻女子大学繊維消費科学研究室，2012.

平澤猛男：被服素材，三共出版，1985.

本宮達也，高寺政行，成瀬信子ほか編：繊維の百科事典，丸善，2002.

山口正隆，仲三郎ほか編：被服材料学，建帛社，1977.

●応用編

〈JIS〉

日本規格協会編：JISハンドブック31 ―繊維，日本規格協会，2016.

JIS K 7120（1987）：プラスチックの熱重量測定方法

JIS K 7121（1987）：プラスチックの転移温度測定方法

〈その他〉

阿久根了編：被服材料実験書，建帛社，1975.

天坂格郎，長沢伸也：官能評価の基礎と応用，日本規格協会，2007.

石川欣造編：被服材料実験書，同文書院，1991.

井上祥平，宮田清蔵：高分子材料の化学 第2版，丸善，1993.

岩本秀雄，岡野志郎，嶋津享ほか著：繊維試験法のすべて（基礎編），日本繊維センター，1976.

大澤善次郎：入門 高分子科学，裳華房，1996.

太田奈緒：シームパッカリングの評価法の研究―CCDカメラを用いて―．湘北紀要，**35**，33-39，
　　2014.

カトーテック株式会社：KES-FB1 引張りせん断試験機 取扱説明書 第 2 版.

カトーテック株式会社：KES-FB3 DC 圧縮試験機 取扱説明書 第 1 版.

川端季雄：風合い評価の標準化と解析 第 2 版, 日本繊維機械学会風合い計量と規格化研究委員会, 1980.

川端季雄, 丹羽雅子：薄手布を対象とした客観的風合い評価法の改良（第 1 報）力学量測定における変形量の検討. 日本繊維機械学会誌, **37**, T113-T121, 1984.

木藤半平, 西澤信：繊維製品試験入門, 三共出版, 1977.

スガ試験機株式会社ウェブサイト：http://www.sugatest.co.jp/contents/（最終アクセス日：2018 年 3 月 1 日）

妹尾学, 栗田公夫, 矢野彰一郎, 澤口孝志：基礎 高分子科学, 共立出版, 2000.

セルロース学会編：セルロースの事典, 朝倉書店, 2008.

繊維学会編：第 3 版 繊維便覧, 丸善, 2004.

繊維学会監修, 日本繊維技術士センター編：業界マイスターに学ぶ せんいの基礎講座, 繊維社, 2016.

田中道一編：被服材料学実験, 産業図書, 1979.

中島利誠編：新稿 被服材料学—概説と実験—, 光生館, 2010.

長野浩一, 山根三郎, 豊島賢太郎：ポバール 改訂新版, 高分子刊行会, 1995.

奈良女子大学家政学部丹羽研究室：KES STANDARD CHART, カトーテック株式会社, 1991.

日科技連官能検査委員会：新版 官能検査ハンドブック, 日科技連出版社, 1995.

日本衣料管理協会刊行委員会編：繊維製品試験, 日本衣料管理協会, 1988.

日本衣料管理協会編：新訂繊維の基礎知識シリーズ 第 II 分冊 家庭用繊維製品の製造と品質に関する知識, 日本衣料管理協会, 2016.

日本化学繊維協会ウェブサイト：http://www.jcfa.gr.jp/（最終アクセス日：2018 年 3 月 1 日）

日本繊維製品消費科学会編：新版繊維製品消費科学ハンドブック, 光生館, 1988.

日本分析化学会高分子分析研究懇談会：高分子分析技術講習会テキスト, 1988.

日本防炎協会ウェブサイト：http://www.jfra.or.jp/（最終アクセス日：2018 年 3 月 1 日）

丹羽雅子, 酒井豊子：着心地の追及 第 2 版, 放送大学教育振興会, 1997.

平沢和子, 永井房子ほか：学生のための被服構成学実験書, 相川書房, 1989.

柳沢澄子編著：被服構成学実験（家政学実験シリーズ 8）, 産業図書, 1977.

柳澤正弘, 磯貝明：セルロースの分子量および分子量測定. *Cellulose Communications*（セルロース学会誌）, **12**（1）, 36-39, 2005.

山口正隆編：新稿 被服材料学, 光生館, 2010.

Brandrup, J. and Immergut, E. H.（eds.）：Polymer Handbook, 3 rd edition, John Wiley & Sons, 1989.

索　引

ア　行

ICI 形メース試験機　*99*
ICI 法ピリング試験機　*97*
アイロン適正温度　*75*
アセタール化　*88*
厚さ　*33*
圧縮弾性率　*78*
圧縮特性　*107*
圧縮率　*78*
編機　*38*
編目記号　*31*
綾織　*29*

一対比較法　*114*

ウェール数　*34*
裏目　*31*
上より数　*25*

液体クロマトグロフィー　*118*
SI 単位　*3*
SD 法　*115*
S より　*24*

応力　*89*
応力緩和　*91*
応力緩和率　*95*
応力-ひずみ曲線　*89*
筬　*37*
オシロスコープ　*103*
表目　*31*
織機　*37*
織縮み率　*27, 34*

カ　行

解じょ法　*81*
荷重-伸長曲線　*89, 95, 96*
ガスクロマトグラフィー　*123*
ガーター編　*31*
カタ寒暖計　*68*
カットストリップ法　*94*
カバーファクター　*35*
ガラス転移点（温度）　*74*

含気率　*36*
含水率　*57*
乾燥性（布）　*78*
官能検査　*113*

絹繊維　*9*
吸湿性　*56*
吸水性　*59*
吸水速度　*59*
吸水率　*59*
吸水率法　*61*
キュプラ　*84*
極性　*124*

管巻き　*38*
位取りのゼロ　*3*
グラブ法　*41, 94*
クロマトグロフィー　*118*

傾斜法　*54*
形態（繊維）　*10*
形態安定性　*74*
形態変化　*67*
系統別鑑別法　*81*
ゲージ　*34*
KES-FB システム　*104*
KES 形通気性試験機　*71*
顕微鏡試験　*80*

恒温恒湿　*3*
恒温法　*68*
光学顕微鏡　*10*
合糸数　*24*
恒重式番手　*26*
交織　*80*
酵素指数法　*100*
恒長式番手　*26*
公定水分率　*56, 83*
剛軟性　*45*
高分子分析　*116*
交編　*80*
国際単位　*3*
コース数　*34*
ゴム編　*31*
混紡　*80*
混用率　*80*

サ　行

再生繊維　*84*
三原組織　*28*
酸性染料　*19*
酸素指数　*101*
サーモラボ　*69*

示差熱量分析　*120*
下より数　*25*
シックネスゲージ　*33*
質量パーセント濃度　*5*
質量モル濃度　*5*
シームパッカリング　*112*
斜文織　*29*
充填率　*36*
縮絨　*76*
朱子織　*29*
織機　*37*
ショッパー形織物引張試験機　*40*
しわ回復角　*50, 52*
シングルタング法　*42*
シングルデンビー編　*32*
伸長弾性率　*91, 95*

垂直法　*101*
水分率　*56*
水平板法　*54*
ステープル　*24*
ステープルダイヤグラム　*21*
ストリップ法　*40, 94*
スナッグ　*99*
スナッグ判定標準写真　*99*
スプレー法　*62*
スライド法　*46*
寸法変化　*64*
寸法変化率　*65*

静水圧法　*62*
静電気　*103*
静摩擦係数　*54*
正量混用率　*83*
赤外線水分計　*56*
赤外分光法　*121*
絶乾混用率　*83*

接眼ミクロメータ 20
Zより 24
繊維製品の寸法変化 64
染色性 18
せん断特性 105

綜絖 37
走査型電子顕微鏡 13
双糸（2本諸より糸） 24
組織
　編物の―― 30
　織物の―― 28

タ　行

耐水性 62
帯電性試験 102
対物ミクロメータ 20
多繊交織布 75
たて編 30
単位 3
単位長さ 34
単繊維 89

縮み率 34
直接染料 19
沈降法 60

通気性 70

呈色性 18
定速伸長形引張試験機 95
滴下法 59
デシテックス 26
テックス 26
デニール 26
テーバ形法 44
デル 42
デンシメーター 34

銅アンモニアレーヨン 84
等温吸湿曲線 57
透湿性 72
透湿度 72
透湿防水 73
透湿率 72
動摩擦係数 54
飛び数 30
トリコット編 32
ドレープ法 48

ナ　行

ナイロン66 85
長さ（繊維） 21

縫い目滑脱 111
縫い目強さ 110

熱可塑性 74
熱重量分析 120
熱セット性 74
熱分解ガスクロマトグラフィー 123
熱分析 120
燃焼試験 15, 80, 100
燃焼性（繊維） 15
粘度法 116

伸び率
　繊維の―― 22
　布の―― 40

ハ　行

バイレック法 59
破断仕事量 89, 90
はっ水性 62
ハートループ法 46
針金法 50
パール編 31
破裂強さ 43
半減期測定法 102
番手 25
判定用標準立体レプリカ 112

引裂強さ 41
比重 36, 92
比重（繊維） 37
ひずみ 89
引張強さ
　織物の―― 40
　繊維の―― 22
引張特性
　繊維の―― 22
　布の―― 89, 94, 104

ヒートセット 74
ビニロン 87
標準状態 3
表面特性 108
表面摩擦特性 54
平編 31

平織 28
ピリング 97
ピリング判定写真 98

フィラメント 24
風合い評価 104
フェルト化 76
賦形性 45
浮沈法 92
太さ（繊維） 20
フラジール形通気性試験機 70
分散染料 19

平面摩耗法 44
ヘルド 37
ペンジュラム法 41
編成記号 31

膨潤収縮 66
防しわ性 50
防しわ率 50, 53
防水性 62
紡績糸 24
保温性 68
保温率 69
補正係数 83

マ　行

曲げ特性 106
摩擦係数 54
摩擦試験器 55
摩擦帯電圧測定機 103
摩擦帯電圧測定法 102
摩擦帯電列 103
摩耗試験機 44
摩耗強さ 43

見かけの比重 36
三子糸（3本諸より糸） 24
密度
　繊維の―― 37, 92
　布の―― 33
密度こうばい管 93
密度補正曲線 93
ミューレン形破裂試験機 43

目付 33
メートル番手 27
メニスカス 6
メリヤス編 31
綿番手 27

索引　　133

モル濃度　5
諸より糸　24
モンサント法　51

ヤ　行

ヤング率　89, 90

有効桁数　3
有効数字　3
融点　74

溶解性（繊維）　17, 80
よこ編　30
より　24
45°カンチレバー法　45
45°ミクロバーナー法　100

ラ　行

ラベルドストリップ法　40, 94
ランダム・タンブル形試験機　97

立体レプリカ　53
リード　37
リンクル法　53

ルノメーター　34

編著者略歴

松梨久仁子
（まつなし く にこ）

1986年　日本女子大学大学院
　　　　修士課程修了
現　在　日本女子大学教授
　　　　博士（学術），日本女子大学

平井郁子
（ひらい いくこ）

1982年　大妻女子大学大学院
　　　　修士課程修了
現　在　大妻女子大学教授
　　　　博士（工学），東京工業大学

生活科学テキストシリーズ
衣服材料学実験　　　　　　　　　　　定価はカバーに表示

2018年 4 月25日　初版第 1 刷
2020年12月25日　　　第 2 刷
2022年 3 月25日　　　第 3 刷

編著者　松　梨　久仁子

　　　　平　井　郁　子

発行者　朝　倉　誠　造

発行所　株式会社　朝　倉　書　店

東京都新宿区新小川町 6-29
郵　便　番　号　　162-8707
電　　話　　03（3260）0141
Ｆ Ａ Ｘ　　03（3260）0180
http://www.asakura.co.jp

〈検印省略〉

Ⓒ 2018〈無断複写・転載を禁ず〉　　　　　新日本印刷・渡辺製本

ISBN 978-4-254-60634-8　C 3377　　　　Printed in Japan

JCOPY ＜出版者著作権管理機構 委託出版物＞

本書の無断複写は著作権法上での例外を除き禁じられています．複写される場合は，
そのつど事前に，出版者著作権管理機構（電話 03-5244-5088，FAX 03-5244-5089，
e-mail: info@jcopy.or.jp）の許諾を得てください．

牛腸ヒロミ・布施谷節子・佐々井啓・増子富美・平田
耕造・石原久代・藤田雅夫・長山芳子編

被 服 学 事 典

62015-3 C3577　　　　B 5 判 504頁 本体18000円

少子高齢社会，国際化が進展する中，被服学について身体と衣服との関係から，生産・流通・消費まで最新の知見を入れながら丁寧に解説。〔内容〕人間の身体と衣服の成り立ち；人体形態，皮膚の構造と機能，人体生理，服装の機能，服装の歴史／生産；被服材料，染色加工，デザイン，被服の設計・製作・構成方法，生産管理／流通；ファッション産業，消費者行動と心理，企業と商品，販売／消費；被服材料の消費性能，衣服の構成と着装・機能と着衣・管理，衣生活と環境／他

前工学院大 椎塚久雄編

感 性 工 学 ハ ン ド ブ ッ ク
—感性をきわめる七つ道具—

20154-3 C3050　　　　A 5 判 624頁 本体14000円

現在のような成熟した社会では，新しい製品には機能が優れて使いやすいだけでなく，消費者の感性にフィットしたものが求められ，支持を得ていくであろう。しかしこの感性は，捉え所がなく数値化する事が難しい。そこで本書では，感性を「はぐくむ」「ふれる」「たもつ」「つたえる」「はかる」「つくる」「いかす」の7つの視点から捉えて，広く文理融合を目指して感性工学と関連する分野を，製品開発などへの応用も含めて具体的にわかりやすく解説した。

冨田明美編著　青山喜久子・石原久代・高橋知子・
原田妙子・森　由紀・千葉桂子・土肥麻佐子著
生活科学テキストシリーズ
新版 ア パ レ ル 構 成 学

60631-7 C3377　　　　B 5 判 136頁 本体2800円

被服構成の基礎知識に最新の情報を加え、具体的事例と豊富な図表でわかりやすく解説したテキスト。〔内容〕機能と型式の推移／着衣する人体(計測)／着装の意義／アパレルデザイン／素材と造形性能／設計／生産／選択と購入／他

増子富美・齊藤昌子・牛腸ヒロミ・米山雄二・
小林政司・藤居眞理子・後藤純子・梅澤典子著
生活科学テキストシリーズ
被 服 管 理 学

60632-4 C3377　　　　B 5 判 128頁 本体2500円

アパレル素材や洗剤・技術の進化など新しいトピックにふれながら、被服管理の基礎的な知識を解説した大学・短大向テキスト。〔内容〕被服の汚れ／被服の洗浄／洗浄力試験と評価／洗浄理論／漂白と増白／しみ抜き／仕上げ／保管／他

前日本女大 佐々井啓・日本女大 大塚美智子編著
生活科学テキストシリーズ
衣 生 活 学

60633-1 C3377　　　　B 5 判 152頁 本体2700円

生活と密接に関連する「衣」を歴史・科学・美術・経済など多様な面から解説した，大学・短大学生向け概説書。〔内容〕衣服と生活／衣生活の変遷／民族と衣生活／衣服の設計と製作／ライフスタイルと衣服／衣服の取り扱い

佐々井啓・篠原聡子・飯田文子編著
シリーズ〈生活科学〉
生 活 文 化 論
（訂正版）

60591-4 C3377　　　　A 5 判 192頁 本体2800円

生活に根差した文化を，時代ごとに衣食住の各視点から事例を中心に記述した新しいテキスト。〔内容〕生活文化とは／民族／貴族の生活(平安)／武家(室町・安土桃山)／市民(江戸)／ヨーロッパ／アメリカ／明治／大正／昭和／21世紀／他

前日本女大 佐々井啓編著
シリーズ〈生活科学〉
フ ァ ッ シ ョ ン の 歴 史
—西洋服飾史—

60598-3 C3377　　　　A 5 判 196頁 本体2800円

古代から現代まで西洋服飾の変遷を簡潔に解説する好評の旧版の後継書。現代の内容も充実。背景の文化にも目を向け，絵画・文学・歴史地図等も紹介。〔内容〕古代／東ローマ／ルネッサンス／宮廷／革命／市民／多様化／19世紀／20世紀／他

生理研 小松英彦編
質 感 の 科 学
—知覚・認知メカニズムと分析・表現の技術—

10274-1 C3040　　　　A 5 判 240頁 本体4500円

物の状態を判断する認知機能である質感を科学的に捉える様々な分野の研究を紹介〔内容〕基礎(物の性質，感覚情報，脳の働き，心)／知覚(見る，触る等)／認知のメカニズム(脳の画像処理など)／生成と表現(光，芸術，言語表現，手触り等)

産総研 田中秀幸著　産総研 高津章子協力
分析・測定データの統計処理
—分析化学データの扱い方—

12198-8 C3041　　　　A 5 判 192頁 本体2900円

莫大な量の測定データに対して，どのような統計的手法を用いるべきか，なぜその手法を用いるのか，大学1～2年生および測定従事者を対象に，分析化学におけるデータ処理の基本としての統計をやさしく，数式の導出過程も丁寧に解説する。

日本分析化学会編
分析化学実験の単位操作法

14063-7 C3043　　　　B 5 判 292頁 本体4800円

研究上や学生実習上，重要かつ基本的な実験操作について，〔概説〕〔機器・器具〕〔操作〕〔解説〕等の項目毎に平易・実用的に解説。〔主内容〕てんびん／測容器の取り扱い／濾過／沈殿／抽出／滴定法／容器の洗浄／試料採取・溶解／機器分析／他

上記価格（税別）は2022年3月現在